南瓜之車

啊南瓜
南瓜種在星子與星子
之間的雲泥上
開花，完熟，化成了
黃金的車輛

南瓜的籽是我們的夢
星圖是我們身世的臉譜
占星之學是我們的靈魂所
隨身攜帶的天平
在偌大的宇宙中
我們不會迷航
憑著地圖
靈魂有他最好的旅行方向

親愛的你
坐上黃金的馬車了嗎？

愛情全占星

了解愛情原動力，學習完美的親密關係

韓良露 著

韓良露
生命占星學院

本書獻給

所有我愛過與愛過我的人們
他們都曾和我一起分享過
人類情感經驗的複雜與奧祕

更要感謝我的丈夫
由於他的了解和支持
我才能兼得心靈孤獨旅行和
人生有伴相隨的雙重快樂

註　本獻詞收錄於舊版《愛情全占星》，出版日期為一九九八年。

興趣廣泛、身份多元的知名文化人韓良露，除了大家熟知的作家、媒體人及文化推動者身份之外，她也是藝文圈中最受重視的占星學大師。

二〇〇三年起她在金石堂金石書院（現龍顏講堂）開設占星課程，由於口耳相傳、好評不斷，課程一直持續到二〇一〇年才劃下休止符。在長達八年的四百多堂課中，她以歷史、哲學、心理學、社會學的角度，將占星的深層智慧化為生動的教學內容，讓大家在學習與命運對話的同時，獲得看待人生的更高視野。

這一系列課程不但架構了宇宙法則的邏輯，也融入她對人性與社會的觀察，但因資料整理工程浩大，成書計劃一直未能完成，為避免這些珍貴課程內容成為絕響，南瓜國際透過多年來數量龐大的上課錄音及相關資料，依據當時課程的規劃邏輯，整理成為系列書籍，期望能藉由文字重現精彩、動人且充滿智慧的上課盛況。

目錄

自序　世界和心靈的旅人　8
新版序　占星學的文藝復興　13
前言　閱讀占星人生地圖　23

PART 1

伴侶之愛

Chapter 2　占星合婚之幸與不幸　63
Chapter 3　月亮的親密愛人　71
Chapter 4　五宮的人生如戲　81
Chapter 5　八宮的神祕：人類原欲的煉獄　97
Chapter 6　愛神的三種象徵：肉欲、激情、親愛　109

PART 2

愛的原型

Chapter 7 木星之愛：不曾實現的玫瑰花園 123
Chapter 8 土星之愛：世間緣份的枷鎖與解放 133
Chapter 9 天王星之愛：顛覆倫理的愛情 145
Chapter 10 海王星之愛的迷惑、幻滅和救贖 153
Chapter 11 冥王星之愛：激情與死亡的協奏曲 161
Chapter 12 聖杯和曼陀羅性愛密法 167

PART 3

愛的異形

Chapter 13 金星愛神與火星性神的戰爭 175
Chapter 14 土星之性壓抑、冷感與禁制 181
Chapter 15 冥王星和火星帶來的性暴力 189
Chapter 16 金錢觀和性愛觀的占星對話 195

PART 4

家庭之愛

Chapter 17 四宮的家庭神話 215
Chapter 18 太陽父親的榮耀和魔咒 225
Chapter 19 月亮母親的偉大和陰影 243
Chapter 20 「內在父母」和擇偶 255

PART 5

另類的愛

Chapter 21 陰魂、陽魂與同性戀、雙性戀 265
Chapter 22 青春之愛的悲歌 275
Chapter 23 女性更年期的性欲 281
Chapter 24 伊底帕斯情結和亂倫禁忌 287
附錄一 占星學常用符號 294
附錄二 個人星圖查詢網站 295

自序

世界和心靈的旅人

一九八〇年的夏天，當時的我在電視圈工作了近十年，曾經寫過上百齣關於男女情愛、人間悲歡的電視劇本。也企劃製作過近千集，討論社會、政治、經濟、生態等等的每日兩小時新聞節目。我感到身心靈極度疲憊，一直對生命懷有強大熱情的我，警覺到自己的內心已經被工作掏空了，我想到古老農業民族的訓示，土地必須休耕和輪耕才能保有生產和創造的活力，於是我結束了所有工作，讓自己「放逐」一年。

在那一年的生涯出走時光中，我買了三次的環遊世界機票，去了五大洲的許多不同國家，完全滿足了我從小就有的旅行欲望。我還記得第一次的「旅行」，是在五歲時一個夏日黃昏，我跟隨著一對推著老式醬菜車沿街叫賣的夫婦，從新北投山上的家出發，走遍了新舊北投的大街小巷，以為我失蹤的家人在四個多小時後，才等到全身疲倦但滿心歡喜的我返家，雖然被責罵了一頓，但那個黃昏的記憶、街道的形狀、陌生的面孔、各種的聲音和味道，一直都讓我念念不忘。旅行了四十多個國家的我，所得到的快樂，其實和孩童時期那次的經驗一樣，都是源自對新的、不同的、未曾經歷過的世界的好奇。

從小，我一直是個極度好奇的小孩，對自然、環境、動植物、人們都很好奇，十歲的我就曾一個人沿著大屯溪往上行，一心想發現大屯溪的源頭。十歲的我也偷偷的知道了街坊鄰居的許多祕密，像誰家的媽媽和誰家的爸爸好之類的事。也就是這種好奇的動力，讓我十三歲就開始談生平第一次戀愛，十四歲發現文字的魔力而嘗試寫詩，十六歲看了費里尼的電影後開始做電影夢，十八歲時沈迷於杜思妥也夫斯基的小說，十九歲又變成對政治好奇而幫黨外助選。不管是戀愛、藝術電影、政治或者後來的神祕學，所有的熱情和專注都源於對生命基本的好奇。

因為對人類心靈世界的好奇，我自然對可以描述人類心靈活動的各種藝術形式，像詩、小說、劇本、電影懷有高度熱忱。但藝術最美妙之處是在呈現「什麼」，而不是解釋「為什麼」；後者是科學哲學、神學或神祕學的工作。偉大的藝術當然可以直窺生命的奧祕而讓人有所領悟，但是要解釋這種領悟，還需要更複雜的知識系統。不管是先天的限制，讓我無法進一步發展我對太空物理、生物基因等奇妙科學的志趣，但對於本質上是探討生命科學的神學和神祕學則持續懷有興趣。這些興趣雖然驅使我接近過不少的宗教和東西五術，但許多的宗教活動和五術的研究，都以世俗生活的功利性為主，不外乎去除恐懼、獲得安全感或健康、愛情、財富等等世俗願望的實現。

由於這些較膚淺的應用性和功能性的強調，使我對東方的紫微、八字、鐵板神數或通俗的西方占星學一直既有興趣卻又常感失望，我不是僅僅希望知道命運的變化，更希望能了解這些變化背後的神祕力量和意義。就在一年的世界之旅快要結束時，有一天我坐在倫敦的一家咖啡館中，看到了一個占星學研討會的介紹，研討會中有各種嚴肅的論題：像占星學與榮格分析心理學、占星學與生物基因、占星學和神話學等等。這些題目深深吸引了我，我決定報名參加，而這次研討會的經驗，也影響了我後來四年多的生活。

我在倫敦住了四年多，除了偶爾還做做世界的旅人，經驗更多不同風土人情外，大部分的時間都是在做「心靈的旅人」。指引我的羅盤是榮格分析心理學派的占星學，而啟發我最多的人是被視為英國當代文化重鎮的占星學大家麗茲格林（Liz Greene）女士。

榮格在研究古代煉金術的知識系統時，領悟了煉金術的奧祕在於它是關於心靈轉化的象徵。其實所有偉大的知識系統的終極意義及領悟都是關於轉化，而不是獲得。但世人的追尋卻常常是迷失的，以為鉛變成金、工作變成名利權勢、愛情變成占有他人等等是追尋的最終目的，而忽略了我們存在的基本價值只是經驗及過程，其間的演化和轉化才是靈魂的課程，而不是任何形式的獲得和占有。

嚴肅的占星學在歐美一些國家中，尤其是英國、瑞士、德國和美國，在經過一九七〇年代末期到今日不少占星學家的探討及努力後，逐漸獲得一些主流學界的注意和重視。有不少業餘的占星學家同時也是著名的太空物理學家、化學家、心理學家、生物學家等等。也有些大學開始把占星列在選修的課程中，這些現象都顯示了占星學在即將來臨的寶瓶世紀會中日趨重要。

但是，對於嚴肅而認真的把占星學當一門學問來研究的人也都知道，占星學在今日的復興仍只是冰山的一小角而已，距離真正占星學的文藝復興還早，對許多堅持正統知識系統的人士而言，占星學還太極端，也太不符合量化的科學標準，再加上流行、通俗占星閒話在世紀末的興盛，使得許多和占星知識系統根本無關的「占星胡說」在報章雜誌氾濫，更加重了某些人對占星知識的誤解。

人生苦短，知識無涯，任何一門知識系統的發展和進化，都需要好多世代的努力，我們都是時間的旅人，在宇宙大海中航行，各自述說旅行的經驗和故事。我很高興自己「發現」了占星學的奧祕，就好像聽到了某處城堡中有個聖杯的傳說，花了四年多的時間研究占星學對我心靈的意義而言，就像神話學大師坎伯所說的「英雄的冒險」一樣，在前往城堡的旅程中，我經驗了各種形式的考驗和轉化。這本書只是我旅途的札記，我還未「找到聖杯」，但我願意和世人分享關於聖杯的各種知識和想像，以及最重要的心得——我的喜悅。

偉大知識的終極奧祕即在領略及分享狂喜，希望我能不負自己及眾人所託，慢慢的把帶給我許多快樂和啟示的知識系統分享給大家。

註　本文為一九九八年版原序。

新版序
占星學的文藝復興

有一次我跟一個朋友聊天，「為什麼我們獅子座的婚姻這麼辛苦？」她是個太陽獅子的家庭主婦，她不斷跟我抱怨先生的挑剔與婆媳相處的困難，「我有個朋友也是獅子座，她的個性跟我都一樣，為什麼我先生每天東嫌西嫌，她先生就很欣賞她？我看她跟我明明就很像，為什麼她的婚姻就比我輕鬆這麼多？」

我問了她先生、婆婆跟她朋友的先生各自的星座，又問她的朋友圈中有沒有獅子座太太與天蠍座先生的組合，如果跟那個朋友相比，誰的婚姻生活比較好過？她想了想，「好像我比較好過一點。」

每個人都是一個獨立的小宇宙，每個人的宇宙中各自有著許多必須面對的生命課題，當一個人與另外一個人形成親密關係，就等於是兩個宇宙產生了互動，較之一個人的自我宇宙，不同宇宙之間的能量流動更有著無數的變化。天時、地利、人和的外在因素也會對親密關係造成影響：不同的時間與不同的社會環境，會造成每個人能量高低起伏，婚姻裡家中其他成員之間的互動，更是不可忽視的推力或拉力。

每個人的星圖都是獨一無二的，每個人需要面對的問題與進化的方向也都不同。占星學是一門高度個人化的學問，透過占星學，我們不但可以了解自己獨特的生命旅程，還能透過它獲得身心靈的成長。任何的行星落在不同的星座、不同的宮位，以及彼此間的不同相位，都會造成不同的生命情境。這幾年由於大眾媒體的推波助瀾，諸如牡羊座很好色、處女座很龜毛、天蠍座很恐怖……很多人對於不同的星座有著不同的形容詞，但這些形容詞並不能讓人分辨出星座能量運作背後真正的本質。台灣這些年十分流行的星座說根本稱不上占星學，只擇太陽的十二星座就妄想用此占星，這不僅辦不到，更使占星學背上輕信、迷信的污名。

如果我們對於星座的理解僅只於此是很可怕的，這也是很多人占星學了很多年都沒辦法真正學會的原因——因為學來學去都只學到了形容詞。乍看之下，這些形容似乎讓人能夠快速分辨出星座之間的不同，但是這些模稜兩可的形容詞卻讓人更加混淆。如果我們想要真正了解一座山，就必須先從這座山是雲崗石或者頁岩構成等最根本的知識一步一步著手，如果不先看結構，永遠來來回回只是去形容這座山「很有力量」、「它的石頭看起來鬆鬆的」、「這座山的石頭摸起來好像比較柔軟」，我們便永遠沒有可能真正的認識它。唯有了解正確的基本知識以後，我們看到的才是一座真正的山。

不斷進化的算命觀

就像人人不可能都成為醫生或心理學家，因此不是每個人都可以或需要成為占星學家。然而這不意味著人人就不能擁有一些必要的醫學知識、心理學知識或占星學知識。學習占星學對自己最大的禮物就是，它不會將自己的一生變成一兩個小時的算命。如果一個人的一生被縮減成幾個小時的星圖解讀，這樣的生命就實在太淺薄了。

跟看病一樣，算命也是源遠流長的活動，從原始部落的巫士觀察葉脈、動物的內臟，到各地神官占卜求神諭，以及先民各種觀測星象、面貌、掌相的方法，都是在算各種的命，大自部落國家的命，小至君王百姓的命，人類一直很愛算命。

這些算命的活動，自然逐漸累積了不少算命術，也建立了一些命學。但是比起醫學、天文學、化學、生物學種種學科，命學的發展與進步卻一直有其侷限性，基本上可說是術多道少、算命活動多，但命學的研究、發展少。台灣充滿了算命的活動，但算命文化或命學的水準卻相當低落，很大的因素即在於缺少知識分子的參與。

台灣算命界有一種光怪陸離的現象，問命者和算命師都像正在逃難的人一樣——常常是問命者上門，生辰資料一交代，算命師畫好了星圖，就呱拉呱拉三、四十分鐘講完之後收費，好像大家都沒時間好好坐下來，仔細把圖研究久一點，甚至分成幾個課程分別談不同的事。算命界流行的買賣都是吉普賽人式的，問者也只關心幾件事：男女婚嫁、事業、金錢、健康，答者也只能說出大概，因此常常有人批評算命師說話籠統、含糊、避重就輕、前後不搭等等。這實在難免，想想看要任何科學家只用三、四十分鐘去處理、判斷一個實驗過程與結果會如何？

為什麼會造成這種現象？關鍵即在於缺乏對知識應有的足夠尊重。不管問命者和算命師都一樣，當然算命師要負的責任較重，有的算命師會辯稱是市場機制，就如同常聽人批評醫院門診醫生只花三分鐘看個病人，因此也容易產生誤診的狀況。

其實醫學知識以往也曾經是少數專業人士的特權，直到大量針對一般讀者的相關書籍出版，大家才得以自由的接觸各種與健康相關的知識。知識是否會被少數人壟斷，可從兩方面來看：一是外在環境的限制，再是個人的態度。在人類的歷史中，知識的普及化是文明進展的一大象徵，從印刷術、大眾媒介到現在的電腦網路，外在的環境提供了人類越來越多的工具及機會去接觸知識，以西方占星學而言，過去不少被占星術士藏為私有的祕笈，在占星書籍的出版與電腦網路的推廣下，二十世紀末可說是人類普及占星學世代，就像現代醫學、心理學普及化的潮流一樣，一般人若懂了一些基本的占星學知識，不僅能增進對自我的了解，也可以在尋求專業占星學家的協助時，懂得如何提出較專業的問題，也能分辨遇到的占星學家的良窳，就像一個好的醫生應當適當的回答病人的醫學問題，以及診斷書應當盡量讓病人看得懂，占星學家也有義務要和詢問者溝通占星學的知識，協助詢問者自我成長。

我常覺得，如果遇不到好的占星師，不如不算命。因為算命跟買東西不一樣，每一個算命師在算命時，不但在販賣他們對占星學知識的精確、嚴謹與否，同時還在販賣他們的倫理、哲學、價值觀等等。但算命師會因顧客的水準而受影響，顧客也會根據自己的倫理、哲學、價值觀在要求算命師。因此，如果任何一方有道德上的缺陷，都可能造成不好的結果。算命的目的是生命的提升，而不是拿它當厚黑學來用。

宏觀宇宙與微觀宇宙的對應法則

從遠古時代開始，人類一直嘗試編寫準確的天文曆，正確記載天上星辰運動，因為星辰運動才是真正的宇宙時間，比世界上任何人造的鐘錶都準確，今天人們所習慣的西曆，其實只是根據地球繞太陽公轉的週期所訂出來的太陽年曆，而它最早始於羅馬的凱撒大帝在西元前四五年訂的儒略曆，這個曆法的太陽年和恆星年的時間相比，每一年會相差十一分鐘，到了西元一五八二年時，已經多了十天，因此新曆只好把一五八二年十月五日到十四日這段時間刪除，並且設定一套繁複的閏年規則，一直沿用至今。

人類改革曆法目的無他，不過是求和宇宙時間越接近越好，而這也應是研究占星學的原則：只要談的是天體的運行，就不可離開天文曆法。占星學和天文學原本像是雙胞胎，誕生的年代老到人類有限的歷史記憶都無法清楚推算，目前兩者最古老的身世記載可遠至三萬兩千多年前的冰河期，從當時留下的動物骸骨上，已發現史前人類刻畫下的月亮運行天際的週期。

至於較近的文明中，關於占星學和天文學的身世資料就豐富多了。從六千多年前古埃及人繪製的金字塔中的天文圖，到兩千多年前亞述人的天文曆，再到希臘時代托勒密根據各種古老文明的占星學傳統，編撰出人類有史以來的第一本占星書籍，這期間占星學也成為人們最看重的學科，它是一切知識的源頭，包含了神話、數學、數字學、天文學、醫學、哲學、靈學、宗教種種，也是古代博學之士不可少的基礎知識。

由於占星學的核心精神在於探討宇宙的法則和人間事物的對應關係，即所謂宏觀宇宙（天上世界）和微觀宇宙（地球上的萬事萬物）之間的關聯，這種超越性的探索精神自然不容於人間一神論的宗教教義，從西元四世紀開始，占星學大受獨尊正統基督教的羅馬教廷的排斥，使得占星學在西方世界沒落，但卻在阿拉伯世界興盛起來（西元八世紀左右），如果沒有阿拉伯人的傳承，今日實用的占星學傳統，諸如許多古代的占星學、天文學、醫學、哲學、數學等等，將無法延續香火到西方的文藝復興時期。

西方世界的文藝復興是諸多古老知識之光的重現，其中占星學的復興最為顯著。當時許多著名的大學都重新開設了占星學研究的課程，而許多後世著名的天文學家也都是占星學家，如哥白尼、第谷布拉赫、克卜勒等等。在這段時間內，占星學和天文學仍並駕齊驅，但占星學的腳勁也逐漸露出疲態了。

尤其從伽利略開始用望遠鏡觀察天空，純粹的宇宙天文學的研究成了科學界的新旋風，人們越來越關心看清楚宏觀宇宙的實相，而不那麼在乎這些現象和自身小宇宙的關聯，唯物科學凌駕唯心科學，即使牛頓篤信神祕學，在發表了《數學原理》後，他卻成為科學至上的代言人，雖然牛頓終其一生最想完成的志業是證明占星學和神祕宇宙力量的關聯——牛頓晚年曾孜孜不倦的寫了一百多萬字的文稿，其中都在探討關於占星學及聖經密碼這類的神祕學議題。但以牛頓當時的科學條件，用科學研究神祕學比研究物理還難，因此一百多萬字的文稿並無法解決牛頓的困惑，他臨死要求讓這些神祕學文稿鎖上一百年後再公開，因為他相信一百多年後才會有更多人了解他所做的努力。

整個十八、十九世紀，占星學陷入前所未有的低潮，原因除了西方的新理性主義排斥一切無法用科學方法實驗、量化研究的知識系統外，占星學本身也逐漸背離天文學基礎，走向根本不「占星」的各種迷信及假借星象說，就在這種占星學界自身不長進的內憂及狹隘唯物科學觀的外患之下，占星學從古老知識的神聖殿堂跌落為市井小民的迷信。所幸，從二十世紀的下半葉開始，科學發展從確定的古典物理學，走進了不確定的量子力學世界；宇宙既然是由無數的質子、中子、原子、電子所構成，它們集合體之間的互相撞擊影響，自然就說明大宇宙和小宇宙（地球、人、萬物）之間的關聯，而這些新的科學觀念，也帶動占星學在西方世界的發展，尤其是英美德瑞北歐等科學先進國家，從一九八〇年代以來，正統、嚴肅的占星學正逐步的進入西方知識系統的核心之中。

不相信命學的人，常批評「命學不是科學」，這是有語病的說法，因為科學從來不是一門學科，而是一種研究知識的方法，以今日科學的標準，十九世紀以前的醫學、物理學都存有不少漏洞。科學從來不是真理，而是一個嘗試找出更多真相的知識系統。人類目前已經進入了資訊的世紀，命學的精髓就在處理生命的資訊，這些奧祕的資訊可以透過生物基因專家、地球物理學家等等的努力而揭露，而從一九八〇年代以來，不少的現代西方占星學家也認為在未來的二十一世紀，占星學有可能成為重要的生命資訊的學科，這些占星學家也正結合了心理學、生物基因學、電腦科技等知識系統在加速現代占星學的進步。

宇宙奧祕的本質是開放的，人類各自以不同方式去尋求解答，不過，雖然這些事物的本質相通，但演變與水準不一，科學其實是從十七世紀才大幅進步，尤其是近五十年，但好消息是當科學越進步反而越不排斥神祕學，有些神祕現象因而可以藉由科學的工具得以驗證，同樣的，神祕學界也應當加緊運用科學的能力。簡單來說，科學應當從神祕學學習想像和直覺（愛因斯坦就精通此道），而神祕學應當向科學多學習方法和理性。

我認為二十一世紀會是人類知識大整合的世紀，生物學、物理學、化學、數學、哲學、靈學、神學、占星學等等知識系統的分際將日漸薄弱，不同的知識系統將借用對方知識的精華產生互動與影響，進而使得人類觀察自然、了解人類的精神和物質現象的能力得到突破性的發展；不同知識系統將形成合作的網絡，而最大的挑戰將是共同去解開宇宙、生命之謎。譬如說宇宙學專注於宇宙創始之謎，生物基因專注於解答生命造化之謎，靈學專注於解答人類潛能之謎，占星學將專注於解答人類命運之謎——亦即了解宇宙與個人之間的互動關係。

面對生命的全新視野

想要徹底了解生命的豐富，占星學、文學、哲學、宗教、神話、心理學等等都是我們的工具。透過這些工具來閱讀自己的生命時，我們就能擁有一個更寬廣的視野來自我解讀。而在這些工具之中，占星學可以說是一種特別準確的解釋系統。

學習占星的過程中，對我而言最深的哲學省思在於：即使不能改變生命偶然的事件，但我們卻可以改變自己面對這些事件的態度。生命表象中充滿了秩序和混亂，如果能夠從更大宇宙的隱含層面來理解，所有的混亂都有可能是更複雜更難以發現的隱含秩序。研讀占星學使我經常感嘆造化之妙，不管是秩序或混亂，想想六千五百萬年生物演化的奇蹟，才能使我們今日有意識去和宇宙的造化對話，即使我們並不了解所有對話的意義，但卻可以因對話的存在而感動。

深信占星學的牛頓曾回答過不信占星學的哈雷一句話，牛頓說：「我研究過占星學，而你呢？」沒有認真研究過任何一門學科的人，信也是迷信，不信也是盲目。

註　「新版序」內容由二〇〇五年、二〇〇七年之相關課程錄音與一九九八年《中國時報》「人間女性電台」刊載內容彙整編寫而成。

前言

閱讀占星人生地圖

研究占星學，不能不先了解什麼是本命星圖（註）：即根據個人出生的時間與地點繪製的天上星象圖。當個人電腦還不像今日這麼普及的年代，用手工繪製一張星圖，往往要用上許多參考書：不僅要查明出生時間換算成格林威治時間及恆星時間，還要計算經緯度如何影響宮位的配置。這些繁瑣的工夫，往往讓頗有經驗的占星學家也要花上一兩個小時才能製作出一張星圖。但今天坐在電腦前的人，不管懂不懂星圖製作的原理，只要懂得按下正確的鍵盤，三分鐘內就可得到一張星圖。

看著今日電腦繪製出來的精美星圖，我常回想起許多我所看過的古星圖，像從埃及、希臘時期流傳下來的粗糙但充滿神祕想像的考古星圖，或像中世紀修道院中珍藏的祕密星圖，以及我在歌德故居的書房牆上看到歌德的個人占星圖。由於受制於當時科學

註　本命星圖怎麼形成的，以及它對命運會產生怎樣的影響，請見《上昇星座：生命地圖的起點》。

條件，這些星圖和今日的星圖比較起來當然草率許多，即使這些古星圖如此粗糙，但每每回憶起它們，我仍然覺得萬分感動。我彷彿可以看到晚年沈迷於占星學的歌德，如何琢磨著他那有限的星圖符碼，企圖去更了解他自己以及他和世界的關係。

但是歌德也說過，如果有人能告訴他絕對的真理，他一定會避之唯恐不及。所有對人類知識系統懷有敬意的人都該明白，所有的知識系統都是隱喻，人類用無數豐富、多元的隱喻去建構我們和世界的關係：藝術是最接近美的隱喻，宗教是最接近善的隱喻，科學是最接近真的隱喻。十七世紀以來，人類運用科學趨近真理的隱喻能力突飛猛進，今日研究星圖的我們，或許比歌德當年更能掌握隱喻的真相，但未必能保證我們一定可以得到更多對生命奧妙的感動和啟示。研究占星學不過就是在研究星圖和世界的隱喻，所有的真理都在不斷的變遷下揭露，而永遠有更多的真理等待人們去發現。

我常覺得研究星圖和研究氣象、地圖有一些相似之處，所謂「準不準」都是相對的問題，今日的科學地圖比起古人的航海圖，或今日的氣象比起以前的民間氣象，都可說準確了許多。雖然地圖永遠不等於地球，氣象也永遠涵蓋不了所有的天象變化，我們仍然從地圖學、氣象學的發展中不斷的獲益。研究占星學也是同理，任何星圖的解釋都只能代表占星學家對人類現象的描繪與預測，科學占星可以幫我們更趨近準確值，但沒有絕對值。為什麼算過去準，預測未來不準，只要想想氣象學解釋昨天為什麼下大雨不難，預測明天是否一定下雨卻較難，就不難理解其原因。不過，比起我們小時候常笑說氣象不準，今日的氣象預測其實已經準確多了。星象預測也是一樣，今日好的占星學家能掌握的人類現象變化，也比從前要多很多，不過，不管是氣象或星象，都會發生有的事情較好預測，有的較難，而這也正是人類繼續不斷努力的原因——不過都是想更趨近所謂的「真相」。

畢竟我們手上握有的星圖是平面的二度空間，而人是活在三度或更多度的空間中。占星學不是死的學問，它是有機體，它不斷在成長。

學好占星的基本態度

我必須要告訴大家，學占星學沒有「直覺」這件事，所謂「直覺」，通常只是因為不夠了解而產生的主觀認定以及自以為是，當你深入了解知識的本質與真正的意涵之後，就無所謂的「直覺」了。唯有深入了解知識真正的本質，一點一滴從基礎學起，這樣才能累積成我們面對每一張獨一無二星圖時的解釋系統。

當我們對於占星學知道得越少，就會越急著想囫圇吞棗，但是當我們學得越多，就越不會心急。星圖裡面蘊藏著宇宙無窮的奧祕，每一個基本知識當中都能讓人獲得對於生命的深入理解，與其急著亂猜囫圇吞棗，不如按部就班一步一步將基本知識學好，這樣才有能力透過閱讀星圖更深入的了解生命的奧祕，否則靠著直覺與想當然耳，一切都會是胡說。

對於占星初學者而言，一定要認識星圖中的三大主題：

一、行星（註）落在什麼星座。

二、行星落在什麼宮位。

三、行星與行星之間有什麼樣的相位。

這三大主題是學習占星學的基本功，我先簡單介紹一下它們各自代表的意義。

一、星座與行星

儘管大家對黃道十二星座耳熟能詳，但如果星體不落在星座中，星座就沒有意義，所有的能量都來自行星與星座之間產生的化學變化。一般我們聽到的「牡羊座」、「金

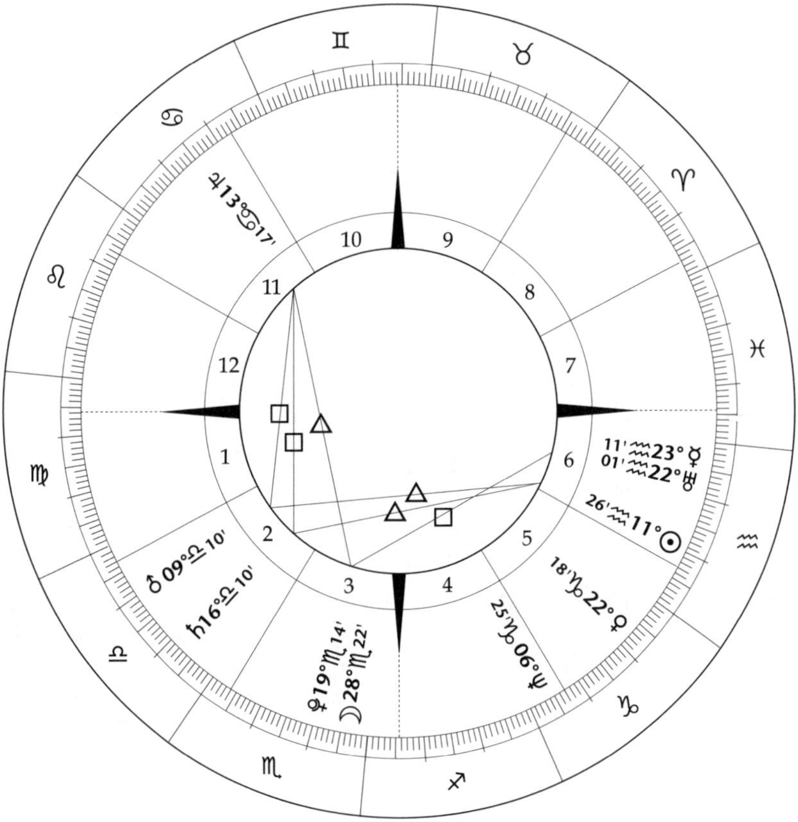

本命星圖

本命星圖中會包含「行星」、「星座」、「宮位」、「相位」等元素。最外圈為黃道十二星座，每個星座各占三十度；內圈從 1 到 12 的阿拉伯數字為十二個宮位，分別代表十二個不同的生命舞台。行星與行星之間的連線，則代表了它們彼此之間形成怎樣的相位。

牛座」等等，通常指的是太陽落入的星座，太陽落在金牛跟月亮落在金牛的意義是不同的，單單用「牡羊星座」或「金牛星座」等去解釋星圖能量運作，往往有失周全。

在本命星圖中有十個重要星體，各自代表每個人生命中不同的能量。

☉太陽：一個人的意志與活力，是每個人最重要的陽性能量與生命中的重要男性。

☽月亮：感覺、情緒，也代表生命中來自母系的遺傳。

☿水星：思想、溝通能力、表達能力。

♀金星：情感、價值觀、吸引力，跟物質世界結合的渴望。

♂火星：欲望、性衝動、肉體的行動力。

♃木星：智慧、機會，社會價值帶來的助益。

♄土星：責任、限制、阻礙，社會價值帶來的壓抑。

♅天王星：變化，宇宙性的巨大改革力量。

♆海王星：直覺、靈性，宇宙間廣泛的融合力量。

♇冥王星：摧毀、轉型，宇宙間潛藏的巨大毀滅與新生的力量。

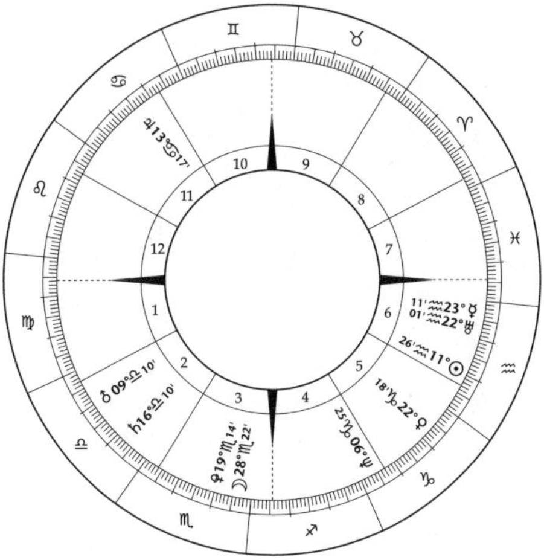

行星落入的星座與宮位

從星圖當中我們可以很容易的看出每個行星落入什麼星座與什麼宮位。以左邊這張星圖來看，當事人的太陽在寶瓶 11 度，月亮在天蠍 28 度，火星在天秤 9 度。

第一宮的起點就是上昇星座，左圖的上昇在處女 6 度，而太陽落在六宮，月亮在三宮，火星在二宮。

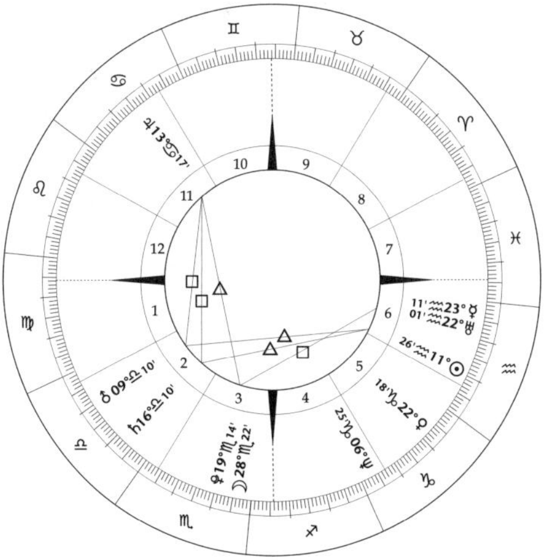

行星與行星之間的相位

「相位」指的是行星與行星之間的角度，左圖中的太陽（寶瓶 11 度）與火星（天秤 9 度）兩者相差 122 度，為一百二十度和諧相（誤差 2 度）；火星與木星（巨蟹 13 度）兩者相差 86度，為九十度衝突相（誤差4度）。

二、宮位

星圖中有十二個宮位，分別代表十二個不同領域的生命舞台。

一宮：長相、氣質、個人形象、童年環境。

二宮：自我價值、有形與無形的資產。

三宮：基礎教育、大眾媒介、兄弟姊妹。

四宮：家庭生活、內心之家。

五宮：戀愛、創作、子女、娛樂與賭博。

六宮：工作、健康、維持生命正常運作的事情。

七宮：伴侶、配偶、合夥人。

八宮：權力、潛意識、與他人相關的金錢與性。

九宮：高等教育、哲學、宗教、旅行及外國事務。

十宮：事業、地位、社會形象。

十一宮：志同道合的友誼及社團關係。

十二宮：前世、業報與無意識。

三、相位

相位是行星與行星之間的視角，代表形成相位的行星之間相互的能量。相位的影響就像用耳機聽音樂一樣，越近的能量越大，越遠的能量就會變小。不同的占星教科書對於相位的誤差有著不同的容許度，我通常會以六度以內為容許範圍。在占星學中，我們必須認識四種主要相位的意義：

合相（0度）：代表兩個行星互相加強的力量。是力量最強的相位，但也有可能因為力量過強而產生負面效應。

對立相（180度）：代表兩個行星互相對抗的力量，但透過靈性的學習，有可能反而形成互補的可能。

衝突相（90度）：代表兩個行星互相阻礙、互相消耗能量的力量。

和諧相（120度）：代表兩個行星互相協助的力量。

初學者剛開始學習閱讀星圖時不免從星座、宮位、相位等單一議題著手，循序漸進一塊一塊打好基礎之後，我們可以試著透過根本學理深入檢視，活化自己的功力，這樣才能從立體的角度讀出星圖顯現的生命意義。就像學游泳一樣，大家一開始多半先學腳怎麼動作，再學手怎麼動作，然後試著手腳並用，當我們熟練到自然而然的忘掉手腳時，就算學會了游泳。

任何的知識系統都必須有其結構，必須知其所以然，這樣才能夠發展出真正舉一反三的能力。否則生命情境有著無限的可能性，與之對應的結論也無限多，想要藉由結論學習占星的話，就永遠不可能有學會的一天。

很多占星書常常會過度簡化，甚至做出一些似是而非的推論，舉例來說，月亮代表情緒，而雙魚又常被形容成「很浪漫」，講到月亮雙魚的時候，許多占星書可能會告訴大家月亮雙魚的人很羅曼蒂克、很有愛心，月亮雙魚的男性當事人可能小時候母親很浪漫，長大之後也很容易選擇很浪漫的女性為結婚對象；由於月亮也與家庭有關，很多人可能就會一廂情願的推論月亮雙魚的人小時候家裡一定過得很舒服、家庭環境很好……但事實並非如此。

「雙魚」是一個跟現實無關的能量，雖然充滿夢想，但是缺乏行動力，因此月亮雙魚的人小時候家庭生活一定不穩定，當事人童年一定會感受到母親因為某些因素特別軟弱，沒有能力善盡母職照顧好家庭，對於男性當事人來說，他很可能會選擇一個很浪漫、很有愛心的女人當成結婚的對象，但是很浪漫、很有愛心的對象，往往沒有辦法好好扮演妻子的角色，因為她們是「眾人的母親」、「眾人的情人」，無法對特定對象提供現實的依靠，尤其月亮雙魚有剋相的話，當事人小時候可能家中父母會有酗酒問題，也有可能家中有人有精神或其他生活情境帶來的情緒困擾。

像我自己就是月亮雙魚，我的母親的確很有愛心，她原本在小學教書，後來選擇去育幼院工作，我常看她工作時對院童們充滿了愛心，但是她對於照顧家中小孩不太有興趣，再加上我的妹妹良雯一出生就有智力問題，為了幫妹妹尋求醫治，她的情緒也使得家庭生活受到影響。

這些都是一般坊間占星書籍不會寫到的內容，這也說明了唯有從最基礎的占星學理架構出發，我們才能真正理解這些行星特質反映出來的生命現象。

註　占星學是以地球上人類觀點創造出來的知識系統，在占星學中的「行星」是相對於「恆星」的名詞，包含了太陽、月亮、水星等等天體，與天文學上的「行星」定義不盡相同。

關於本書的閱讀

在本書中，我透過大家很關心的「愛情」議題，讓大家理解在個人星圖中與愛情相關的行星、星座、宮位與相位是用怎樣的方式影響著每個人的性格，以及各種星圖會出現的不同生命情境。

占星學是有探討陰性、陽性或男性、女性意識的理論，但這種性別卻不是完全依照男女兩性的身體器官來決定——事實上生理對性別的影響力，遠比社會與文化對性別的影響來得小——由星圖來看，一個男性可能陰性元素較多，因此會展現比較多女性的反應，同理，女性也可能是陽性的。因此，如果有的算命師有男女命不同的看法，基本上是反映了算命師自身或他身處社會的性別文化偏見。不過，有的社會、有的文化的確會對某種陰性或陽性特質較有利或較不利。基本上，人類在過去兩千年大部分時候都較壓抑陰性文化的力量，但目前時代之軸已經在轉變，陰性主導的力量正在逐漸上升。人與人之間都是相對的。一個女人可以本來比較陰性，但是遇到某些人時會特別展現出陽性能量，即使對方是男人。反之亦然。

占星學奇妙的地方在於，命運或許可以決定我們受哪一類型的人的吸引，但不能決定我們一定會跟哪一個特定的人在一起；我們或許命中注定會遇到某一類的人，但是隨著我們自己能量的高低，遇到的人也會有所不同。

每個人的能量就像銀行帳戶一樣，都有可能會隨著支出或存入而萎縮或成長。當一個人長期處於缺乏愛的環境，或者一直和別人之間關係緊張，愛的能量就會萎縮；但如果能夠透過身邊所有我們愛的人讓自己不斷練習愛的能力，愛的能量就能不斷成長。

不管是占星學或者任何經典的學問，從書本或課堂上學到的只是第一步，接下來必須將這些知識在生活中驗證，藉此進入生命的內在之後，對這些知識才會產生強烈的感應，這些知識對我們來說才能夠「悲智同在」。

「知道」與「體悟到」就在一線之隔。我們常常認為自己知道愛，可是感覺到愛的時候很少；我們知道自己愛某個人的時候很多，但感覺到自己愛某個人的時候很少。我們忙著做什麼事情的時候，靈魂就會被占據，如果我們不為自己保留一些空間與時間，我們就不可能產生這種情感。

透過身邊所有我們愛的人，我們可以從中感受到愛的能量，愛不是只有愛情，還包括對父母親、兄弟姊妹、配偶、朋友的愛，當我們愛一個人，不管是父母親、兄弟姊妹或是另一半，一定要花時間陪伴他們，而且陪伴中不能包含很多世俗的責任。因為當我們不在忙著做事的時候，比較容易感受到愛。

我們常常將「陪伴」與「陪別人做事」混為一談。當我們陪伴一個人做這個、那個，老是被雜七雜八的事情占據的時候，我們身體狀態很忙碌，靈魂狀態卻不活躍，如果你跟你的另一半、跟你的家人在一起時永遠都在做些什麼，你的一生就很難感受愛。譬如說我常常跟我先生在外面奔來跑去，這種時候我根本不會去想愛不愛，但有的時候在奔來跑去停頓的片刻，這一剎那我會感受到愛。

即使透過我們恨的人，我們也有可能學習到愛的能量。當我們面對恨的人，如果能在剎那間產生一個覺悟：「天啊！我居然這麼恨他，真是愚蠢，應該不要再恨他了。」當下放下對他的恨，在這個瞬間，我們就能感覺到能量的轉換。

愛永遠是電光石火的一個感悟。我們一定要在生活中保留一些時間與空間，讓自己有機會去經驗這些剎那間產生的超越知識的體悟，這麼一來，我們不僅能夠知道知識的架構，透過體悟的經驗，更能真正得到知識的能量。

註　「前言」內容由二〇〇五年、二〇〇七年之相關課程錄音與一九九八年《中國時報》「人間女性電台」刊載內容彙整編寫而成。

PART

1

伴侶之愛

沒有任何社會公定的擇偶條件適合每一個人，人有獨特的靈魂和獨特的宿命，我們可以和自己的天使結合，也可能和自己的魔鬼結合，只要婚姻生活繼續存在，天使和魔鬼都將永遠在其中跳舞。

Chapter/1

一宮和七宮的婚姻之路

在占星學中，黃道十二宮的第七宮是婚姻宮和伴侶宮（也涉及事業的夥伴）。第七宮也被稱為天秤座宮，天秤座的理想是均衡、公平、不偏不倚、和諧。但和第七宮正好相對的第一宮（也被稱為牡羊座宮），牡羊座的本能是獨斷、搶先、發展自我、唯我至上。天秤座喜歡當協調者，牡羊座愛做急先鋒。

這個設計是很有意思的，任何相對的兩宮都有著相輔相生和互相排斥的兩種作用力。一個人的本命星圖中如果第一宮太強，除非這人太陽或上昇星座在天秤座，否則這人易有自我中心的傾向。相反的，如果第七宮太強，除非此人太陽或上昇星座在牡羊座，否則這人容易被別人牽著鼻子走。

這種偏於一端的狀態是來自排斥性的作用力，較強的一宮自然要居領導地位，以致造成人生發展的不平衡。或是為了自我而喪失與他人知諧的美妙關係，或是為了與他人保持和諧而喪失了自我。若要彌補這種魚與熊掌不可兼得的處境，則必須有意識的運用相對兩宮的相輔相生的力量，調整過強的一宮或強化較弱的一宮，讓自我和他人之間經常處於對話和溝通的狀態，增進彼此的了解，幫助彼此的合作，達成一宮和七宮的和諧。

當太陽在一宮時，當事人有極明確的自我意識和意志，他們具有天生的權威，舉手投足間顯現重要人物的風範。他們需要別人的崇拜，因此常常吸引仰慕者，而在婚姻生活中，他們要求別人的配合。如果一宮太陽的相位不好，和其他星星成不和諧相位，當事人可能會極端自命不凡，慣以意志凌駕他人，要求配偶徹底配合，行事風格相當自我中心，也因此常常引起配偶的不悅和不滿，造成婚姻關係的困難。

月亮在第一宮的人，如同情緒的海綿體，他們相當敏感，富直覺力，善於接收他人最隱諱的情感反應，使得他們能和伴侶建立十分親密、相融的關係。但過度發展的月亮一宮，相位不佳的人則情緒十分氾濫，他們的情緒狀態會像是誕生不久的嬰兒，渴望一個全能母親或任何照顧者提供無止境的關愛與照料。這種嬰兒狀態的情緒會一直延續到成人生活中，他們雖然「現實上」已經不再有那麼多需求，但心理上習慣於那種無微不至的滿足。他們總忍不住像水母般緊緊黏住配偶，造成相處關係的壓力，成為喜愛有獨立空間伴侶的大麻煩。

水星在一宮的人，是個天生的獨立思考家。他們很小就展露出當記者的天分，永遠在問為什麼。他們會到處收集資料，找出自己的答案，他們不輕易接受別人告訴他們的意見。他們要有自己的主張，當外界的看法和他們不同時，他們總是相信自己是對的。當水星相位不好時，這種人和伴侶很容易因事爭吵——除非配偶永遠以他的意見為圭臬。他們又特別喜歡辯論而不喜歡冷戰，常常辯個不停，當伴侶已經累個半死、投降不爭時，他們就自認為自己的意見是對的。如果水星相位良好，有時他們對事物的看法確實獨創一格、創新特出。但若是相位不好，則常常只是語不驚人死不休，伴侶必須極富外交的手腕與口才（第七宮、天秤宮的特長），才能和這種人和平相處。

當金星在一宮時，當事人多少有些自戀，但他們多半真的長得不錯，有自戀的本錢，當金星相位良好時，當事人的個性也會滿不錯的。他們愛美，有藝術的天分，喜歡和諧，對伴侶很能付出感情，但同時更希望配偶永遠愛他們多一些，因為他們覺得自己更值得被愛。

金星一宮的人天生不會成為單相思者，他們的情感必須由他人對他們的熱情點燃，當金星相位不好時，他們的自戀傾向更強，有時他們談戀愛只因為喜歡感受別人如何愛他們。他們愛的是別人眼中他們的倒影。這使得他們的婚姻關係很容易產生問題，因為在朝夕相處、單調例行的家庭生活中，即使他們再迷人，他們的伴侶也不太可能永遠深愛著他們，使得他們再也無法從別人愛的眼神中看到自己的倒影。這對自戀的人是很大的打擊，他們極有可能再去找一個新反射對象，這種情感的自我中心是他們婚姻生活中最主要的危機。

當火星在一宮時，不管相位好壞，都不是個好惹的傢伙。他們是行動的急先鋒，總喜歡搶先一步，爭個高下，當火星相位較好時，他們富有行動力，任何計劃交給他們都可以完成，他們會排除萬難，不達目的絕不干休。他的配偶當然會欽佩這樣的能幹，但任何人跟他們一比起來，就顯得沒他們果斷、堅持跟迅速了，這使得他們很難和他人配合或齊頭同步。他們喜歡獨立辦事，不受管轄，也不愛商量，再加上火星的急躁、沒耐性，做為他們的伴侶隨時得承受火星式的不耐及脾氣。尤其是當火星相位不好時，他們不僅富侵略性，更富攻擊性，脾氣更火爆，還有一意孤行的傾向。凡是他們設定的目標與決定要做的事，不容受到任何阻擾，他們常寧可離婚也不將就別人。嫁給火星一宮相位不良的人，如果不做出氣筒或應聲蟲，日子還真不好過。我看過不少忍氣吞聲過日子的配偶，不管是女人或男人，他們的配偶都往往是在一宮有不良的火星相位。

當木星在一宮時，如果相位良好，當事人就是常人所說的幸運兒，彷彿冥冥之中老是有神在幫忙他們。他們通常都很有自信，個性愉悅而受人歡迎，感情豐富，想像力高且才智過人。但這些好條件放在平凡的婚姻生活中，有時卻「太好了」。因為喜歡他們的人太多了，除非當事人有其他保守、穩定的星星力量來自制，否則他們並不容易安於一夫一妻的婚姻關係中。當木星相位不好時，問題更明顯，他們會有十分膨脹的自我，即使對人笑咪咪，心裡卻總認為自己高人一等。他們無法「降格」或「屈身」在一段平凡的家庭關係中，他們渴望更多、更好、更不平凡的配偶，因此很少人配得上他們的期望。即使他們真的結了婚，過不了多久，他們可能又在幻想另一個更好的對象，而過分樂觀的木星通常不在乎婚姻失敗，他們相信下一個角落會找到更好的婚姻。

土星在一宮基本上不是個好相位，即使在最好的相位下，當事人仍逃不掉土星帶來的憂鬱、畏縮和易於悲觀的個性。但好的相位會使當事人十分負責、十分忍辱負重、吃苦耐勞，他們看待婚姻關係的態度更嚴肅，想叫他們在離婚證書上簽名可要大費周章，如果他們不是徹底心死，是不會輕易放棄一段即使外人看來很糟的婚姻。也因為這種個性，如果再加上當事人天性軟弱，很容易成為婚姻關係的受害者。當土星相位不好時，當事人更是極端害羞、退縮，害怕親密關係，無法表達感情，行為舉止笨拙不安。不論男性或女性當事人皆然，這樣的配偶雖然可能是好飯票，但常常引不起較為浪漫伴侶的熱情。當婚姻出了問題，雖然表面上是別人的錯，但他們的「缺乏感情共鳴」卻不是完全無辜的。如果他們可以遇到「非常木星人」，能自得其樂，又能鼓舞他們同樂，將對婚姻生活幫助良多，但如果碰上「非常土星人」，在彼此都不願意離婚的情況下，則有可能過著「相看兩煩厭但天長地久」的生活。

當天王星在一宮時，相位好的時候也許是不凡風采，相位不好時也許是古怪滑稽，當事人的外表或個性一定有其異於常人的獨特之處。他們是天生的獨行俠，喜歡不受別人干擾自做自的事，但他們並不獨裁也不專制，只是不想和別人配合，有人自願配合都會讓他們覺得麻煩而不自在，他們最喜歡的是「leave me alone」。他們渴望自由，也給別人很大的自由，這樣的人很適合分偶婚姻，有個別的銀行戶頭、朋友、工作，偶爾相聚。但這樣的人為什麼要結婚呢？其實他們通常都不真的想結婚。也有許多天王星在一宮的人晚婚或不結婚，他們最適合的身分就是做自己，最不適合的身分就是當某人的配偶、父母、老闆、情人等等。

他們對人與人之間的bondage（束縛關係）最難忍受。尤其當天王星成不良相位時，在極端的狀況下，他們會是出門旅行也不告訴配偶或是那種換了工作配偶也不知道的人。跟這樣的人結婚會像和外星人結婚一樣，奇怪自己怎麼一點都不了解對方。這種天王星一宮的人，如果是男人的話，活在古代倒也可以，他可能是上京趕考的秀才，在京城一待就十幾年，也許根本沒去考狀元，留下土星妻子獨守寒窯。但對古代天王星女子而言，大概只有當青樓可以選客人的名妓才有生存空間；在現代生活中，天王星一宮的人適合夫婦倆有著共同心智興趣的伴侶關係，例如兩人都是埋首於實驗室的物理學家，但是對親密關係或正常家庭生活沒興趣，吃電視快餐就可打發一餐，生孩子也不必了。這樣的配偶，如果天王星相位良好，會成為造福人類的奇才，但如果伴侶是比較「正常」的人，對婚姻關係有正常的期待，不小心嫁給天王星一宮相位又不好的人時，婚姻生活將變成很大的震驚。因為要天王星自我調適去配合別人是很難的，配偶除非另起新灶，否則只能發展自我的興趣，若善用天王星配偶不干涉的優點，也可以追求一個不平凡的人生。現代女性主義者倒不必排斥天王星一宮的男人，至少此人不會男性沙文主義。

海王星在第一宮的人是迷失自我的人，海王星的朦朧、混沌、無邊界，使他們缺乏一個定義分明的自我意識或自我形象。他們的「自我感」永遠和在他們身邊的「他人自我」相混淆，他們會把別人對他們的需要當成是自己的需要，他們是不知道自己在變的變色龍，以回應他人的期望為天職。他們比月亮在一宮的人更敏感、更富直覺，但他們不是善體人意，只是分不清「人意」和「本意」。當身邊的人悲傷時，他們或許會以為是自己在悲傷而陷入自憐的情緒中，根本無暇去體恤他人。當海王星相位良好時，這位海王星一宮的人具有廣大的同情心，樂於助人，他們會願意為配偶犧牲，凡是有病的、貧窮的、對人生失望的人，都可從他們那兒得到無條件的慰藉和愛。這也使得海王星在一宮的人很容易被配偶或其他夥伴欺騙和利用。

當海王星相位不佳時，當事人常常是個沒有人生目標的迷途羔羊，他們在不同的職業、伴侶、生活方式中晃蕩，從來不知道自己真正要什麼，他們也常常是很有癮頭的人，明知道抽菸有害健康，卻會在心臟病發作後仍繼續抽菸，或帶著割掉了三分之一的胃還執迷不悟的喝酒。他們的自毀常常讓伴侶既擔心又生氣，而他們正是藉由這種方法去得到他們想要的愛。

海王星一宮的人經常和母親之間有著很困惑不清的關係，當海王星和上昇星座合相時，他們的出生常是個謎團，我看過一個例子，當事人直到三十多歲才知道自己是被領養的棄嬰，他們也有可能是私生子女。在這些異常狀況下誕生的嬰兒，通常覺得自己不被愛或被愛得不夠。他們逃避人生，缺乏向現實說 yes 的勇氣，這些情況都源於他們靈魂的「無價值感」。他們無意識的覺得自己不值得擁有更好的生活。不能愛自己的人也是很難懂得愛人的人，他們婚姻關係的困境常常在於他們能給予配偶同情，卻不能給予愛，或者他們要求配偶給予他們愛，而配偶只能給他們同情。

海王星一宮的婚姻關係經常呈現兩種狀況，他們可能會是婚姻中的犧牲者，為一個「不那麼值得」的配偶喪失名譽、金錢、穩定的生活或正常的幸福等等；也可能會讓別人為他們犧牲。他們可能把生活處理得一團糟，讓配偶收拾爛攤子。但奇怪的是，不管哪一種，他們的婚姻關係都會有種神祕的方量，同情和移情深藏其中，在這個婚姻迷霧中的人往往很難掙脫。

冥王星在一宮的人是個狂熱分子，對創造和破壞兼具狂熱。他們最不能做到的就是保持中庸——只有兩極，全有或全無。因此他們愛一個人時，會全心全意去愛，絕不保留；但他們不愛時，通常也是他們由愛轉恨的時候。和前夫前妻保持朋友關係不是這種人所擅長的。除非是他們先背叛別人，出於罪惡感只好保持友善，但如果他們過分友善，那可能是他們根本難忘舊情，會和前夫前妻再續前緣的也有不少是這種人。

當冥王星的相位良好時，他們的狂熱使他們有驚人的原動力去完成某些目標。像在三個月內瘦掉二十五公斤，不眠不休在一個月內寫二十萬字，在三年內修成法律和心理學雙科博士等等。他們的意志力驚人，勇於掙脫窠臼、開創新局。他們的人生常像階段性蛻皮的蛇一般，每個階段都會展現新的形象。

但冥王星的相位不好時，他們是可怕的敵人。他們不怕自毀毀人，他們散發著「不要惹我」的光芒，通常他們的配偶對他們都有所畏懼。這種冥王星人控制慾強、猜疑心重，很會吃醋，因為任何輕微的背叛都是對他們自尊的否定，他們絕不容許配偶外遇。不幸的是，他們自己卻是「只准州官放火，不許百姓點燈」。他們過強的性慾和激情很難在例行重複的婚姻中得到滿足，但由於他們擅長保密，他們的配偶通常很難發現他們的不忠。

一般而言，冥王星在第一宮的人，做情人好過做伴侶。他們的狂熱和激情並不適合婚姻，但如果他們已經結婚了，如何調適狂熱和激情，使其不致搞亂生活，或讓配偶關係緊張得喘不過來，是他們最大的考驗。麻辣火鍋雖然過癮，天天吃卻會吃不消的，如果你和冥王星一宮的人結婚，想要婚姻不出問題，兩個人都得改變。

當第一宮有行星，而第七宮也有行星時，這些星星之間極容易呈現一百八十度對立相（誤差在六度內），代表兩股彼此對斥的力量。這會使得行星的作用力比單獨一顆星要增強許多，產生的困難就更加棘手，即使這些星星（兩顆或多顆以上）之間的相位超過對立相誤差容許範圍（超過六度），對斥的力量雖然較弱，但仍然比單獨要強。因此在考慮任何一顆行星的作用時，都必須同時衡量位於對宮的行星影響。

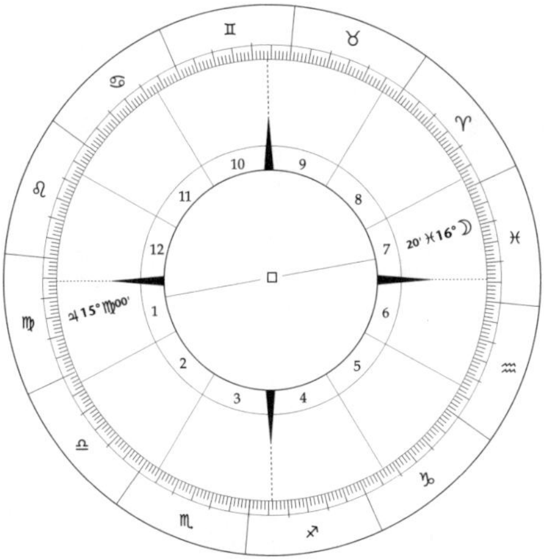

一宮與七宮行星的對立相位

當第一宮有行星，而第七宮又有其他行星時，這些行星之間極容易呈現一百八十度對立相（誤差在六度內），代表兩股對斥的力量，這使得個別行星的作用力都比單獨一顆星要增強許多，產生的困難就更加棘手。

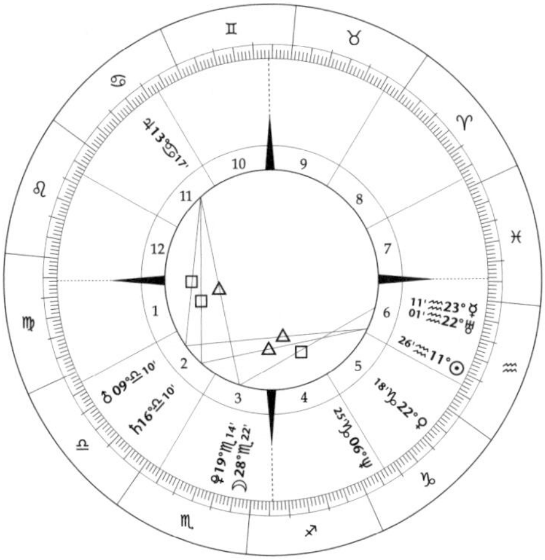

一宮與七宮內無主星

一宮無主星或第七宮無主星時，則要考慮的是上昇星座與下降星座帶來的影響。例如左圖第一宮宮頭位於處女，則上昇星座為處女座：第七宮宮頭位於雙魚，則下降星座為雙魚座。

一宮無主星或第七宮無主星時，則要考慮的是呈「空宮」的躔宮星座（如上昇是天蠍座，第一宮宮頭即為天蠍座，第七宮宮頭則會是金牛座）帶來的影響，有的人結婚的對象「剛好」有他沒有的空宮，這種「嵌入關係」常常是命運設計的「重點學習課程」。

當太陽在七宮時，當事人非常重視配偶和伴侶，他們把「我們」放在「我」之上。「我們」永遠比「我」大和重要，對於這樣的人，生命中若沒有許多的「我們」，如夫婦、合夥人、同事、同學等等，他們簡直不知道該如何活下去。當太陽相位良好時，當事人重視自己和別人的關係，以人際關係的和諧為己任。也由於這種「看重」，他們喜歡尋找讓他們看重的人，因此他們在尋找及選擇伴侶時，會受那些有「太陽」、「獅子座」特質的人所吸引，他們希望配偶重要、有明星氣質、具領導能力、在人群中耀眼奪目，他們不在乎做巨星旁的陰影，他們認同他們的巨星。

但當太陽相位不佳時，這種偶像崇拜不僅會使他們在「膨脹的」配偶旁顯得渺小，而且他們會真的變得渺小，喪失獨立的自我認同，以配偶的價值當成自己人生的價值，妻以夫貴或夫以妻貴，而不在乎自己存在的意義和使命感。他們是自我中心配偶的最佳管家、跟班、隨從、聽使喚者。這種婚姻或伴侶關係中沒有平等的愛與尊重，只有「服從」與「跟從」。他們或許是最佳觀眾，但絕不是最佳配偶。當他們的配偶厭膩了這種一成不變的偶像崇拜，或他們發現配偶不再那麼重要時，他們關係的魔力就消失了，只剩下電影散場時的淒涼。

有的太陽在第七宮的人比較厲害，他們會「想辦法」娶或嫁給重要的人，然後讓自己變得更重要，黛安娜王妃的太陽就在七宮，而她確實因查理而知名，再變成比查理更知名，而這也正是他們的婚姻要開始出問題的時候了，當兩個都覺得自己比較重要的人同在一個屋簷下，婚姻就變成競爭而不是合作。

月亮在七宮的人的情緒安全感來自一個穩定和舒適的家，他們理想的家要像孩童時期的家一樣，而配偶應當像個好母親。他們喜歡家中提供的舒適物質滿足，像是好家具、美味的食物、融洽的關係和親暱的身體接觸。但他們卻對「性」有遲疑和保留的態度。除非不得已，否則性生活對他們而言總會引起他們的亂倫禁忌。但由於月亮盈虧圓缺的不穩定性質，他們的婚姻關係也容易有不定期的變化，尤其當月亮相位不佳，呈不和諧相位時，他們的配偶或伴侶可能是情緒不穩定的人，因而帶給婚姻關係很大的麻煩，當月亮相位佳，他們則會選擇能保護、滋養他們的人，男性當事人會遇到像他母親一樣的人，女性當事人會遇到一個有女性特質的丈夫，除了不會生孩子外，這個丈夫具有許多母性功能。

水星在第七宮的人，對伴侶關係很有心智方面的興趣，他們喜歡發掘、經驗、思索人際關係的意義，他們是熱心的溝通者，是不愁沒話講的伴侶。唯一的問題在於他們並不只對「一個關係」有興趣，他們需要多元的關係刺激他們的想像力和思考力。伴侶或婚姻關係是他們的田野調查，因此他們很難被鎖定。基本上，他們害怕束縛性的關係，喜愛心智活動強的伴侶，熱衷於心智的交流多過於感情的承諾。因此若與這樣的人結合，配偶必須有「終身學習」的打算，免得跟不上對方的心智發展，心智落後的配偶會使他們喪失興趣。若水星相位不佳，這位多才多藝的水星七宮人也可能過著多采多姿的「愛情」生活，而他們的情人多半是從談得來的朋友變成的，他們即使光靠聊電話也能聊出感情，愛吃醋的配偶要特別小心那些和他們很有得聊的友人。有的水星七宮人也許一點都沒有水星的特質，他們可能是將這種特質投射到伴侶身上。他們可能會碰上一個古靈精怪、口才一流、善變又不肯山盟海誓的情人，因而惹來無窮煩惱。

一般而言，水星七宮是個容易離婚的位置，尤其水星相位不佳時。但在現代社會，親密而重要的關係並不一定只在婚姻中發生，有些人的同居關係比一般人的婚姻關係更投入。總而言之，有這樣相位的人一生常有兩次以上非常重要的伴侶關係。

金星在七宮的人是「情人眼中出西施」和「婚姻神話」的忠實信徒。他們只有在找到理想的情人及山盟海誓後，才會覺得生命有意義，好的金星相位不僅吸引理想的情人，他們自己也是別人眼中的「愛神」；他們懂得欣賞美，也會盡量保持美的形象以吸引他人；他們是鴛鴦蝴蝶派小說中的才子佳人，很懂得花前月下的情調。他們談情說愛的方式相當優雅，不像金星在五宮的戲劇化或金星在八宮的「性致勃勃」。對他們而言，戀愛或婚姻生活都該像巴哈的賦格曲，而不是柴可夫斯基的悲愴式或華格納的激情型。

但當金星的相位不佳，尤其和一宮呈對相時，這份對愛的理想卻注定要飽受折磨，他們可能吸引來極端自我中心的人，但因他們對和諧關係的尊重與渴望，使他們常常會為和諧而忍耐一切。即使關係變得既不理想又百病叢生，他們的反應通常像埋首沙堆中的鴕鳥般不願意面對。這個追求美、和諧的金星七宮人，可能身陷一個最不美的婚姻生活，到最後也可能毀掉了自己。

火星在七宮的人對親密關係非常衝動，他們會是交往一週就決心進禮堂的人，而這種衝動魯莽的個性也表現在婚姻生活中。他們喜歡採取主動，要做關係中的老闆，富侵略性，自然是不容易相處的人，尤其碰上另一個火爆分子時，爭吵甚至打架都在所難免。

有的火星七宮會吸引來這樣一個麻煩人物，婚姻生活變成競技場，充滿意志力和行動的對抗。這種刺激的性質通常也反應在性生活，他們是標準「床頭吵床尾合」的例子，但這種類似春藥效果的爭吵最終卻會大量消耗兩人的愛意。不佳的火星相位是離婚頻率甚高的位置，而離婚的過程也通常很不愉快，也許從警察局一直吵到律師、法官面前，這種火星人最糟的就是他們的脾氣和侵略性，調適火星在第七宮人最好的辦法就像練太極，如果他們配偶仍對他們存有幻想，相處之道就是不要硬碰硬，用很有技巧、柔和的方式化解火星的急躁和火爆。

根據占星學傳統，木星在七宮的人，是個婚姻和伴侶關係中的的「幸運者」或「受惠者」，他們經常會和有錢、有名、有影響力的人結婚，進而從婚姻關係中獲得物質或社會地位的好處。其實這種說法是相當受限的，而且發生的情形並不多見，除非木星和金星或太陽形成好相位。通常木星帶來的好處並不一定這麼具象，有時木星帶來的是一個熱情、溫暖、慷慨、樂觀的伴侶，能夠將歡樂和信心帶給這個木星七宮人，有時是這個木星七宮人對別人扮演這樣的角色。他們關心他人精神和物質上的雙重福祉，表達的是不自私的愛。高度發展的木星七宮人，會和伴侶分享高層次的靈性之愛，而不只是世俗之愛。

但若木星在第七宮相位不佳，當事人可能是一個永遠在追求完美關係的人。他們認為鄰家的草坪一定比較綠，還沒追上的情人一定比較好。他喜歡做最有價值的單身漢或單身女子遠勝於某某人的配偶。有不佳的木星相位的人，會和一個「答應一切，但從未守信」的人結婚。他們的配偶表現的是他們投射出去的負面木星特質：眼高手低、浮誇、浪費、不守承諾、三心二意。

木星在七宮相位不佳時，還可能呈現一種奇特的現象，因為木星和宗教、信仰有關，因此他們的婚姻關係中，要不就是他們自己，要不就是他們的配偶會扮演「神」的角色。如果木星相位良好，他們會以得到神的寵愛為喜，以膜拜神為樂，他們的神是萬能的、全知的，自己則成為渺小的信徒，以謙卑為榮，對配偶的命令永遠唯唯諾諾、奉為聖經的通常是這種人。但如果木星相位不佳，他們或許把配偶當做神，或自以為是神，但這個神卻可能像舊約上帝一樣，以處罰、恐嚇、考驗子民信心出名，他們可能因而會像被丟進鯨魚腹的約伯；或是遇見一個假神，老是賣弄權威，最後弄得生活大出問題的木星人。這些就像一個吹破的氣球一樣，不佳的木星相位戳破了神聖婚姻的假象。

土星在七宮是不幸的，土星是搗蛋之星、限制之星、困難之星。不管相位如何（相位不佳，問題更不妙），當事人的婚姻或伴侶關係總是缺少了一點好運道，或多了一些「倒楣」。他們要不然老是碰不到合意對象，以致不婚，或是才結婚就發現對象找錯了，或和極端冷漠、無情的人結合，婚姻生活成了災難。有時是他們自己造成配偶的困難，土星使他們恐懼親密關係，他們是緊閉的蚌殼，不肯與他人分享珍珠，他們也可能在精神或物質方面極端吝嗇，因此無法與人分享。

有的土星七宮人的婚姻生活正是他父母的翻版，土星帶來了家庭的業障，他們的父母無能建立一個快樂結合的人際關係，而把這個功課傳給下一代，讓子女再次經歷了悲傷、憂鬱、束縛、壓迫的婚姻。

很多土星七宮人不明白他們為什麼會陷在一段壞婚姻之中，因為土星是深謀遠慮、小心謹慎的權謀家。他們從不像火星一樣昏了頭，像金星一樣一見鍾情，或像木星一樣充滿樂觀。他們是很保留的，通常對人悲觀，總會盡量比較不同對象的優缺點，小心盤算，選擇對自己最有利或最安全的對象結婚。而他們不知道正是這種心機不容天意，精明反被精明誤，他們把結婚當成買賣，但人不是商品，買錯了退貨很難。而且，他們寧可錯，也不願意退貨。土星在七宮人即使婚姻很糟，也少有離婚，因為離婚會帶來損失。

有的土星人用年齡換來一點幸運，他們或許在年輕時，為了物質的安全感和一個年紀相差頗大的人結婚，而婚姻生活讓他們失望。但當伴侶先死，他們有第二次機會去選擇另一個伴侶時，才選到一個較滿意的關係。土星不願意改變，但通常改變帶來的多半是較好的部分。

天王星在七宮就好像婚姻生活中布滿了地雷，隨時會引爆。這個相位對女性尤其困難，因為傳統容許一夫多妻，但卻視一妻多夫為大逆不道。但對天王星七宮人來說，婚姻並不應該代表束縛，他們也不受束縛約束，他們最適合開放婚姻或分偶。當天王星相位良好時，當事人或當事人的伴侶可能有特殊的才智或天分，不佳的相位卻帶來古怪、離經叛道、乖戾、頭腦短路的人。天王星七宮的婚姻生活充滿變化，我看過一對朋友的例子，夫婦都是再婚族，他們結了婚後又為了某個原因辦假離婚，後來又因移民再辦結婚，移居國外後兩人又不和而離婚，非常天王星的變幻莫測。

天王星七宮是個易於離婚的位置，離婚時多半是因為一些突發事件，而結婚也不會是從長計議的結果。他們不像火星七宮人因為衝動而結婚，他們心中明明知道自己不適合婚姻，但抱著不妨一試的態度，因為「實驗精神」而結婚。他們雖然富有實驗精神，但卻不打算改變自己的個性，仍期待保有絕對的自由和自主權，他們想改革的對象是婚姻制度和婚姻窠臼。有時他們很幸運，當天王星相位良好時，他們會遇到其他天王星人或木星人，因而雙方都享有極大的自由，但自由久了，也常常是換伴侶的時候。在這種情況下，不同於金星七宮人，他們也並不太悲傷，因為他們不認為離婚有多嚴重；也不同於土星七宮人，他們說離就離，反正他們本來就不贊成婚姻制度。有時候他們會和離婚的配偶仍住在同一屋簷下，兩人各過各的生活，反而比做夫妻時關係更融洽。

海王星在七宮的婚姻常帶有很強的宿世緣，彼此緣份深重，但就像「不是冤家不碰頭」，「情是欠、愛是債」，海王星七宮的人「注定」要為感情或婚姻有所犧牲，或讓別人為其犧牲。

但這種「討債」或「還債」的情緒深藏在無意識之中，有時候連當事人也不自知。我看過不少例子，有個丈夫一輩子為妻子做牛做馬、幫娘家還債、照顧生病的妻子，但做妻子的似乎把一切當成理所當然，有時還因身體不好，心煩意亂而動輒惡言相向。但是丈夫卻仍然無怨無悔的付出，外人說「他是上輩子欠的」，海王星七宮的婚姻狀況中常顯現「無助的依賴者」和「命定的犧牲者」。

海王星七宮的人，對婚姻或伴侶關係充滿極高的期望和幻想，但和金星七宮人的期望不同，金星七宮人追求的是一個和諧美好的家，是一種真實發生的婚姻關係；但海王星的幻想常常不切實際、虛無縹緲，他們渴望得到「真愛」，但卻常把自己受苦或別人受苦當成是真愛的表現，他們不自覺的吸引或陷入一個混亂、有病（不管是精神或肉體上）、苦難和不幸的關係中，因為他們認為崇高的愛必須來自犧牲。

有時海王星七宮的人會愛上很敏感、很有才氣但卻懷才不遇的「典型藝術家」，他們同情他們的愛人，認為世界對其不公，他們願意代替世界補償他們。有時悲劇就這麼發生了，一個辛苦工作、任勞任怨的配偶供養不事生產的另一半，而那個連流於酒吧、咖啡館或其他情人床上的藝術家卻經常指責配偶妨礙了他們創作的動力；他們寫不出東西不是因為懶惰、沒目標，而是被平凡瑣碎的婚姻扼殺了才氣。

海王星的愛最佳表現是「大愛」，也就是付出愛而不求回報，以及愛世上所有受苦受難的靈魂。這種愛若只付出在「特定的對象」身上當然會帶來極大的失望及挫敗，海王星七宮的人應該好好想想這個道理，有時要懂得「來得、去得、難得、捨得」，海王星最大的問題即來自對虛妄的執著。

冥王星在七宮的婚姻常常是一趟地獄之旅，但未必是全然不幸的，它或許可以像但丁一樣帶回《神曲》，但也可能像奧菲斯一樣看著愛人化成石頭。冥王星七宮的婚姻絕不單純、平靜或自然，它總是複雜、狂熱、強求的，充滿了背叛、不忠、占有欲、激情、仇恨等黑暗情緒。常常冥王星七宮人經驗的婚姻生活是童年經驗的再現，例如一個年幼遭受性侵害的女孩，在婚姻生活中也常有被配偶「強暴」的感受，這些經驗都帶來一樣的創傷。

冥王星七宮的婚姻經常充滿黑暗的風暴，但要結束這樣的婚姻並不容易。當事人並不像土星一樣是為了「現實的利益或考慮」而不願離婚，也不是像海王星一樣「覺得欠債一定要還」，他們就是不甘心放手。冥王星的占有欲讓他們不願放棄即使已經瀕死的婚姻，通常冥王星的不忠和背叛會帶來婚姻無止境的折磨、糾纏。除非有一方有較強的火星和天王星，否則雙方寧願讓婚姻像艱苦的癌症病人一樣拖著，也不肯「安樂死」。

有時宇宙律有其「慈悲」的安樂死，從傳統占星學來看，冥王星七宮人「容易」剋妻或剋夫，讓一段本該結束卻結束不成的婚姻變成了「喪偶」，婚姻還是結束了。

冥王星的權力欲很強，這從不少政治家的星圖中有重要的冥王星特質可以看得出來，例如英國前首相柴契爾夫人的上昇星座即是冥王星掌管的天蠍座，冥王星七宮人在婚姻關係中也不肯放棄權力，但權力從不能帶來真正的合作，只能帶來順服或抵抗。有的冥王星七宮人由配偶投附出這種強大的權力意志，他們被要求做婚姻生活的順民，如果當事人較有主見，例如有較強的火星和土星，婚姻生活會變成像羅馬時代的競技場。

冥王星有強大的再生力，有些婚姻治療專家或顧問，或許曾是冥王星在七宮的「婚姻受害者」，他們從自己慘痛的失敗中再爬起來，由於他們經驗的強度和深度，再也沒有別種婚姻的傷痛是他們不曾體會或不能了解的，所以冥王星七宮是個適合研究婚姻心理學的位置。

婚姻是除了血緣關係之外，人類可以經驗的最親密的人際關係，而又不像血緣是「注定的」。一般人的婚姻都是自己「決定的」，不管是天賜良緣或三生緣定，當事人至少在意識上都必須面對自己的選擇，但卻很少人真正「有意識的選擇」。

沒有任何社會公定的擇偶條件適合每一個人，人有獨特的靈魂和獨特的宿命，我們可以和自己的天使結合，也可能和自己的魔鬼結合，沒有任何一個婚姻的失敗可以完全歸咎於「別人」的錯。當別人是邪惡的、不忠的、不可靠的、冷酷的、殘暴的、專制的……其實那都是我們自己的陰影。因為「我」的排斥，不肯面對自己靈魂中的陰影，只好在現實生活中遇到魔鬼了，神和魔本來就是一體的兩面、共生共存的力量。只要婚姻生活繼續存在，天使和魔鬼都將永遠在其中跳舞。

除了一宮和七宮的落入行星之外，占星學中「觀察」婚姻的「內在運作」，如同我們觀察宇宙星辰運作般，還可從上昇星座（第一宮起頭，依據出生時間決定的東方地平線出現的星座位置）和下降星座（上昇的一百八十度對位）觀察。通常上昇星座代表我們的氣質和喜好，下降星座則是我們欠缺或想要得到的氣質和喜好，有時下降星座也代表了我們隱藏的陰影。傳統占星學認為人會受互斥或互補的性質吸引，因此不少占星理論把下降星座當成「可能的」配偶指標。譬如下降星座在牡羊座，則可能受牡羊座或火星強的人吸引，但這種「可能的」配偶卻未必是「較適合的」，尤其當上昇星座和下降星座，一宮和七宮呈現「困難」的星座和相位時，有的占星理論認為天頂星座（ＭＣ）反而容易顯現和當事人較協調的配偶特質。

當第一宮、第七宮中無主星時，觀察上昇及下降星座及宮座就成了研究配偶和婚姻現象的重要指標。上昇星座就是上昇點落入的星座，亦即第一宮宮頭位於的星座（下降星座亦同理），但若上昇或下降星座的度數十分接近前一星座或後一星座時（如上昇點在天蠍二度或二十八度等等），則必須考慮前後雙重星座帶來的影響。

婚姻生活的祕訣即在「知己知彼」，但這不是兵法，不能用來「百戰百勝」。婚姻不是戰爭，如果開戰，雙方都是輸家。婚姻的存在，在世俗功能如經濟合作、固定性欲滿足對象、傳宗接代等等之外，更神聖的功能是讓我們更深刻的體驗「自我」（上昇星座、一宮）之外的「他人」（下降星座、七宮），透過這個婚姻的儀式及祭典過程，我們學習個體的完成與大我的實現。

Chapter/2

占星合婚之幸與不幸

心理學大師榮格在近代科學界仍反對占星學的二十世紀初期，做過一項占星和配偶的實驗。他根據一些隨機的採樣，從太陽、月亮及上昇星座關係來研究婚姻關係的變遷。他發現當妻子的月亮和丈夫太陽，或上昇星座落入同一星座，或雙方月亮都在同一星座時，這樣的婚姻關係最能維持長久。

榮格所做的科學實驗當然符合古老的占星奧義書，只是沒有人能知道占星學古老經典中的合婚制度是誰訂下的。但由於榮格只觀察了月亮、太陽及上昇星座，並無法顧及其他重要的行星對婚姻關係的影響，尤其是土星。但由出身心理科學界的榮格所做實驗，使得占星學再度在二十世紀時展開了中世紀後首度的文藝復興。目前全世界嚴肅的占星學派都和榮格心理學派關係密切。

這種根據兩個人的行星所落的位置及相位的合婚法是Synastry（相容性法），傳統的合婚法最重視夫妻的關係會不會長久，或會不會有小孩，可不可以教養好的下一代以及誰在家中當家做主等等。傳統的中國八字合婚也以這些功利目的為主，因此不管西方或東方，在男性主導的社會下，合婚法當然以男性的利益為主。因此兩個星圖一比較，如果女方比男方先死則可；男方則不可比女方先死，否則表示女方剋夫。男方可以從女方得到性滿足則可，但女方有沒有滿足不重要。女方要保證是容易生孩子的，但若男方注定無種，也是女方的錯，女方即使自己陪嫁帶來豐厚的嫁妝，也不可以是喜歡當家做主的人，否則變成妻奪夫權。男人可以風流瀟灑，選妻則絕不可挑天性感情豐富的，以免水性楊花。女方以孝順公婆、持家教子為重，因此最好不要是藝術感性豐富、心思細密的才女，難怪許多古代的才女無人娶，只能流落成妓女。

這些種種以男性利益為中心的合婚法，固是顧及了男性當家的利益，但卻和夫婦兩人快樂、幸福、滿足與否完全無關。一個合婚配出來的「好緣份」，可能雙方都變成婚姻的買賣雙方，婚姻是一樁合夥生意，跟感情、性和心靈的滿足根本無關。

在西洋占星理論中，代表婚姻宮的第七宮也同時代表「合夥人宮」及「生意夥伴宮」，這也顯現了占星學的傳統見解。根據人類的歷史，因自由戀愛而結婚幾乎是二十世紀的產物，以前的人類並非沒有自由戀愛，只是他們從不認為自由戀愛和結婚有什麼關係。東方的風流才子可能在妓院尋找他們的愛情，西方的貴婦會和愛慕她的騎士祕密幽會，在婚姻關係不容破除的年代，人們似乎也更容許外遇和自由戀愛，但常常只有男性及貴族女性才有這樣的特權。

當自由戀愛成為婚姻的前奏時，也是婚姻關係開始產生危機的時刻，第七宮的合夥人似的婚姻關係變成第五宮的戀愛遊戲，或第八宮的性遊戲，或第十二宮的浪漫的愛，難怪很多合夥婚姻關係經營不下去。但結婚兩年、五年、八年或十二年、十八年後離婚的婚姻關係就等於「失敗」嗎？在婚姻之路上雙方的愛、了解、分享和滿足一定比不上白頭偕老的怨偶嗎？

今日已經少有人在奉行傳統的合婚法了，即使冥頑不靈的父母聽信「不夠道德」的算命師的意見（算命師的道德必須跟得上時代變遷），叫某某人不能嫁或娶某某人，也少有子女會聽從。但即使沒有人為的合婚法則，宇宙仍神祕的進行自己的「合婚」。任何結合的男女的星圖中，一定呈現某些「需要」促使他們的結婚，也許是互補的關係，也許是互通的關係，也許是誰欠誰情債、錢債要還的關係，也許是一段可以相互學習、成長的關係。

固然傳統合婚法不應以一方的利益為主，或只重視雙方的現實利益，而罔顧雙方精神及肉體關係的和諧與滿足，但這些錯誤都是人為詮釋之錯，而非方法本身之錯。方法是中性的，是人使方法帶有各種的偏見及扭曲的價值觀。了解合婚法的基本原理，仍能幫助我們了解我們的伴侶，譬如說當有一方的月亮與另一方的太陽合相時，通常太陽的這方在關係中是居於主導地位。傳統的合婚法認為男性應在婚姻中居龍頭，因此排斥了男性的月亮和女方太陽合相的互補關係。但如果男方是現代男性，本身又沒有大男人主義的情結，而命盤中又顯示男方的性格被動，並不喜歡在關係中主動或當家做主，這樣的男性也許碰到女性太陽和自己月亮合相的女性才會覺得滿足，這樣的男性也常常是能夫以妻為貴的新好男人。

一般而言，當雙方的相容性越和諧時（如果有許多行星的關係是六分相及三分相時，雙方關係較和諧），尤其當金星、火星有滿意的和諧相位，雙方的愛性關係或許不是死去活來的激情之愛，卻是甜蜜溫暖的持續之愛；而當彼此金星和木星呈和諧相位，雙方的關係則是互生互利的，兩者可以一起創造繁榮。如果土星也插上一腳又和太陽或水星呈現和諧關係，雙方的「束縛」基本上是良性的，兩個人會發展出負責、激勵、共勉的關係。

但理想的天賜良緣太少了，大部分的好姻緣即使有不少和諧相，總還是會有一些互衝或相剋的相位，這個「空門」正是雙方必須互相學習的地方，而關係中有一些衝突和挑戰，也使得雙方的關係更有活力。但當彼此的相容性很差時，譬如說造成吸引的主要力量來自金星、火星、天王星、海王星、冥王星帶來的相衝和相剋，雙方雖然會在肉體上、精神上和對方有一種難以逃脫的致命吸引力，但彼此卻是相愛而不能相處，兩個人經常要被迫面對自己或對方的各種陰影而無法自拔。這種詛咒性的關係是藝術中最常歌頌的主題，但卻是人間愛情的疾病，染上只有生病受苦，而生病的期限不一，少則數月，長則數年。這種病常把人折磨得喪失了健康、快樂、財富甚至生命，因此相容性太差的情侶或配偶，往往最終逃不過分離的命運。但是「曾經滄海難為水」，即使巫山不再是雲，也是人間情愛歷練一場。

不相容的配偶或情侶的星圖，當事人常常過度於執著愛情的折磨，拚命找對方的缺點或自己的弱點，其實我們會受特別不相容的人所吸引，通常是因為對方包含了一些我們自己壓抑或逃避的原型，而通過對方的演出，迫使我們像暗夜的旅人看到自己的黑暗陰影而大吃一驚。不幸的愛情常常提供人從錯誤中學習、修正及成長的最好機會，如果能藉著愛情帶來的強大動力，逼使我們更深的認識自己及認識別人。我們會發現自己在每一次的愛情創傷後，都像浴火鳳凰一樣得到了靈魂的新生，而每次新生都使我們的靈魂更趨完美，而只有越完美的靈魂才能享有越完美的愛情。

除了相容性的合婚法外，還另有一項新的合婚法越來越受到歡迎，這種方法稱為合圖法（Composite），合圖法是從兩個人的星圖以星位、相位及宮位找出中分點（Midpoint），由中分點再重新製造出一張新的星圖。和傳統的相容性不同之處在於，合圖法認為任何兩個人之間有意義的結合（不管有沒有婚姻），一定有一些目的，而這些目的必然可以在行星落入的星座、相位及宮位中發現。合圖法中兩個人的關係是平等的，不管是男的、女的、你的、我的，誰的星圖都不占有主導性的地位，誰也不能支配對方，唯一支配雙方的就是彼此的合圖。如果一個關係很不幸，也是兩個人共有的責任，而非單方的錯誤，合圖法是男女平等時代的合婚法，而透過合圖法，我們將知道我們和他人的結合絕非是孤島般的關係。當一個小宇宙碰到另一個小宇宙，勢必要改寫宇宙的歷史，沒有人不在一個情愛關係中轉型和變遷，只是我們不常自覺或不肯承認而已。

由於合圖法創造了一個新的小宇宙（新圖），而不像相容性合婚法的片面結合，常常能顯示出關係中非意識層面所能意會的奧義，那是宇宙的奧義。透過合圖，我們可以看出有人相遇是為了完成一個重要的使命，也許是共同創造或幫助某方完成重要的藝術作品，或成就出重要的科學發現，有人相遇是為了教導彼此經歷背叛和敵意的折磨，而學習互讓互恕，有人相遇只為了曇花一現的激情愛意，有人相遇卻可能是無止境的兩地相思，卻始終不能結合。

合圖幫助我們看清關係的真相及自己在關係中扮演的角色，再完美的合圖都有其需要補救的缺陷之處，再不完全的合圖都有令人留戀之處。短短的人生數十寒暑，我們常常被迫要做出選擇。不管是執著、放棄或重新來過，其實人間沒有一段愛情會真正過去，會過去的只是時空的有限性，在記憶的無限時空中，所有的愛情和緣份卻可以在合圖中保存得好好的。我們曾經經驗過的，以及將來一切可能經驗的感情，透過合圖，我們可以讓它在記憶中復活，重新經驗自己和別人曾有過的靈魂交集。

就跟我們不會跟所有的朋友合夥做生意一樣，我們總會有一定的標準挑選合夥人，面對婚姻也是一樣，我們總是根據一些自身的需要去尋找我們的婚姻合夥人，但不能合夥的朋友未必是較差的朋友，不能合夥結婚的情人當然也未必是較差的情人。

開放的社會容許人們有較多的機會學習、犯錯及修正。婚前同居能避免許多不適合的婚姻關係，如果同居後不能結婚，總比結了婚再分手簡單得多。而社會逐漸接受無子女的婚姻，也使得不當的婚姻關係在結束時少了無辜受害的孩子。非婚生子女的現象也使得一些渴望擁有子女的女性不必同時接受婚姻的束縛，但同時，開放的社會也有開放的成本，離婚率的增加、婚姻關係的不穩定、兩性角色的衝突等等，都是我們必須付出的代價。

美好的婚姻仍然是許多人的夢想，這個夢想的完成雖然艱難，卻不見得不可能，有時我們要改變的或許只是我們的觀念。譬如說一段七年就結束的美好婚姻並不見得比不上維持了三十年卻痛苦的婚姻；同性婚姻並不見得比異性婚姻差；開放的婚姻不見得一定比不上保守的婚姻。

每個人都應當依據讓自己安心快樂的原則及道德行事，而不必管他人的道德是否和自己一樣。合婚法的幸與不幸，並不能保證生活的真正幸福或痛苦，但是透過合婚法讓我們了解自己、了解別人，幫助我們在關係中學習、成長，收穫將更大。我們將視人與人的相遇是一個永遠的旅程，這個旅程沒有終點，旅程的本身即是目的，享受與經驗旅程的一切就是意義，這個旅程可長可短，結束的時候也不等於終點。在每個結束的地方，我們或許會走上另一個旅程，而所有曾經走過的旅程將永遠在我們心中，凡是愛過的，沒有終站。

Chapter/3 月亮的親密愛人

親密關係有很多種，當我們問別人：「你和他親密嗎？」其實常常問的是：「你們有沒有發生過關係？」——這是性的親密關係。或我們和異性在交往一段時間後，自己問自己，「到底我對他的感覺有多深？」我們問的是「彼此之間感情有多親密？」——這是愛情的親密關係。但有時我們或許會發現，即使我們和一個人的性、愛都有親密關係，但似乎還是少了一點什麼，總覺得情緒上、感覺上好像不夠親密。為什麼呢？這是因為月亮在作祟。

人與人之間情緒、感覺的親密，只有月亮能管。金星管情感，火星管性，好的占星家知道，不能光看金星、火星就可以了解一對伴侶或任何關係的情緒親密程度。儘管光有月亮並不能保證一對愛侶「愛、性和諧」，但他們至少感覺很近，能夠互相了解，能夠親近對方的情緒。一對月亮不和諧的伴侶，即使性愛和諧，也往往會有一方抱怨另一方「一點都不了解我的感覺」。

會抱怨別人不了解自己感覺的人，通常月亮落在水象星座，尤其是雙魚和巨蟹。因為當代表情緒與感覺的月亮落入重視感覺的水象星座時，正好適得其所。他們擁有的感覺、情緒就是比常人多，而且喜歡「用感覺去感覺」，他們也是在性、愛親密外，最需要感覺親密關係的人，否則常常會覺得若有所失。雙魚由於受海王星的影響，感覺特別氾濫，有時甚至會被自己的感覺淹死（海王星也象徵大海），尤其當月亮雙魚有剋相，他們的感覺更容易出問題，因此不要說別人，連他們也常常不了解自己的感覺。

月亮巨蟹的感覺比較有「定性」，因為月亮落入了象徵母性的本命星座巨蟹，他們的感覺通常對特定的事、物、人才發生作用。月亮巨蟹相位和諧時，當事人比較不需要別人照顧他們的情緒，因為強調保護他人的母性會使他們勇於付出。但不和諧及受剋的月亮巨蟹就很麻煩，他們特別容易「感覺受傷」，像個老愛抱怨和訴苦的母親一樣，覺得「沒有人了解她的感覺」，這樣的月亮會將自己關在感覺的硬殼中。

月亮在天蠍，是個基本上就已經受剋的位置，因為掌管天蠍座的冥王星實在太強悍了，對敏感的月亮會造成威脅，月亮天蠍通常是感覺「非常」豐富、但不肯輕易表現的人，這種感覺的強度讓他們害怕自己而別人也會受不了，因此需要在很安全的關係下才肯流露感覺，也因此，他們不像月亮落入其他兩個水象星座的人會經常抱怨「不被了解」。當有人真的了解他們的感覺時，他們其實一則以喜，一則以憂。

月亮在土象的人（金牛、處女、摩羯）都是不太懂得表達感覺的人。月亮金牛好一點，因為掌管金牛的金星和月亮關係和諧，但金牛太被動，他們才懶得表達，他們要不是等待別人去猜他的感覺，要不然就可能太實際，比如金牛可能把月亮的感覺用在感覺股票市場或一張美麗的椅子上。月亮在摩羯的人較倒楣，因為他們有時連自己也不知道自己「缺乏感覺」。月亮在摩羯是大落陷，因為代表摩羯的土星等於遮蓋月亮，我看到太多有月亮摩羯的星圖都呈現某種「和母親無緣」的現象——有人是母親早死，因而送給舅舅家領養；有人是父母離婚，被繼母帶大；有人是因為文化大革命，自小和父親住在北京，母親卻在上海工作，一年見不到母親一次；有人是母親特別嚴厲，從小不對小孩流露溫柔的情緒。

總之，月亮在摩羯的人，常常從童年起就缺乏「培養感覺、滋生情緒」的環境，造成他們有的人不會感覺，有的人感覺完全被壓抑了。

月亮在處女的人是有感覺的，但也壓抑得很厲害，他們可能會有一個挑剔型、管教很多的母親，經常告誡他們不要表現「不適當的感覺」，所以他們從小學會很多感覺是不宜表達的、是不對的、是不潔的、是有麻煩的。久而久之，他們變成對大部分的感覺都盡量不表達出來，但有時他們會用很曲折的方式表達，以致於顯得很狡猾，所以造成不少人覺得月亮處女的人很有心機。

通常月亮同在水象的人之間，會很自然的彼此有感覺上的親密關係，彼此很容易溝通情緒和親近對方感受。月亮天蠍、巨蟹比較容易包容月亮雙魚的情緒化，而對於月亮天蠍而言，月亮雙魚的人特別猜得出他們的感覺，因而最能夠引出他們豐富、強烈的情感。好的月亮巨蟹會願意「幫助」月亮摩羯的人接近感覺的世界，但現實上，失敗的例子更多——月亮摩羯的人往往可能加強月亮巨蟹的沒安全感及挫折感。但月亮巨蟹卻可以配合月亮金牛，這兩者之間可達成某種程度的感覺交流。巨蟹和處女也還好，雖然巨蟹會有週期性（隨著月亮的盈虧）的憂鬱，覺得月亮處女的人麻煩，老是像扣留人質一樣扣留自己的感覺。

月亮雙魚碰上月亮處女則是個災難，雖然剛開始彼此的吸引力很大，月亮處女隱藏壓抑的感情、情緒碰上宣泄、氾濫的雙魚，就像一場大雨下在乾土上。但久而久之，乾土就受不了了，處女開始挑剔月亮雙魚各種不宜、不適當、莫名其妙的情緒和感覺，雙魚則大受傷害，兩個人雖然曾經暫時有過感覺親密的時刻，但終究維持不久。而且月亮雙魚最後常常覺得「自己的感覺一直都被誤解」，等於推翻以前曾達到的情感共識。

月亮雙魚碰到月亮金牛時就還好，基本上因為月亮金牛是土象中「較有感覺的」。有時月亮金牛能幫助月亮雙魚的感覺落實，放在較實際的事上，但他們的實際也常讓月亮雙魚覺得空虛，他們感覺的親密關係需要許多現實的參與，如一起看畫或聽音樂、種園藝等。而雙魚最需要的「感覺交流」卻是眼對眼，或溫柔的擁抱，或什麼都不做，連性行為都不需要，只讓雙方心靈交通！從這一點來看，月亮金牛不會是月亮雙魚真正有感覺的親密愛人。

當月亮雙魚富有犧牲精神時，他們會想拯救月亮在摩羯的人，因為覺得他們好可憐，月亮雙魚以為「人怎麼能沒有感覺過日子」，卻不知道在現實生活中月亮摩羯常比他們「過得好」；月亮摩羯也會受到月亮雙魚神祕的吸引，這是因為受限的土星對無疆域的海王星有所期待，但除非月亮雙魚在現實生活中要靠月亮摩羯協助，否則這種關係也維持不久。至少就「感覺的親密關係」而言，月亮雙魚的犧牲，在個人關係中通常會引起很多身心的反彈。像生病啦！（雙魚經常使用的逃避手法，讓自己受害。）崩潰啦！有外遇啦！月亮雙魚會說：我必須尋找了解我感覺的人。

月亮天蠍和三個月亮土象星座可以相處，但他們彼此很難擁有感覺豐富的親密關係。月亮天蠍喜歡隱藏自我，把神祕的感覺世界保留給自己。比較起來，月亮處女的人較容易和月亮天蠍達成一部分交流，但他們交流的方式卻是很迂迴的，一個隱藏、一個壓抑，合起來像演猜謎，但這對月亮處女而言，也是頗有樂趣的事情，月亮天蠍的神祕滿足了月亮處女愛猜謎的天性。

純以達成感覺的親密關係而言，月亮水象配水象當然比較適合，但婚姻或愛情關係並不是單純建立在感覺上。朋友關係也有很多種類，有很多不同的價值。如果月亮水象的人想找「感覺上談得來」的人，找水象的確比較適合，但若要想「給我一點實際的建議」，就必須找土象；「若想找人替我客觀分析一下我的情緒」，則找月亮風象的人較合適；而當月亮水象的人「感覺低落時」，不妨找個月亮火象的人樂一樂吧！

月亮土象的人若要擁有較「感覺親密的關係」，必須找水象，但有時土象太實際，怕「感覺帶來一些虛無縹緲的問題」，他們最好和月亮土象的人待在一塊，至少他們彼此的情緒都一樣穩定，他們通常都能發展出很實際的關係；當月亮土象需要活力時，他們或許會受月亮火象的人吸引，但月亮火象的人「感覺老定不下來」，這一點卻讓月亮土象的人不舒服。

月亮火象的人通常不太有時間感覺情緒，他們的感覺太忙了，情緒太跳動了。他們缺乏在感覺親密關係時需要的一種安靜、靜止的情緒狀態。尤其是月亮牡羊的人，常常最不能和別人「感覺親密」，牡羊主導星火星加強了牡羊的自我表達，月亮牡羊相當自我中心，需要別人配合他的情緒，卻沒耐心配合別人的情緒。也因此月亮牡羊的情緒相當獨立，不太需要「感覺的親密關係」的支持。

月亮人馬的人，他們的感覺與情緒常常在旅行，總是忙個不停，有很多事做：一下子替家裡的家具換方位，一下出門看商店裡最近的流行商品……他們的感覺需要外界的刺激，喜好新人、新事、新東西，但當面對固定的關係，他們會很自信的以為「對方的感覺我早就統統知道了，幹嘛還要溝通」？

月亮獅子的人情緒、感覺十分戲劇化，雖然不深，也不細膩。在舞台上他們是誇張型的藝人，生活中也是，他們喜歡變成注意力的中心。談到感覺，他們若要討論，最好以他們的感覺為主題，而不是對方的，他們不耐煩做聽眾。

月亮落在水象星座的人通常是不太受得了月亮在火象星座的人，而月亮落在土象星座的人有時會覺得月亮在火象的人讓他們太累；火象感覺配火象，彼此通常較無怨言，他們在一起並不需要達成感覺的親密關係，有別種親密關係就夠了。對他們而言，生活很忙，要上街購物、看戲、用餐、跳舞、談戀愛、交朋友，這樣還不夠嗎？「談心」、

「交換感覺」是閒人的事。

月亮火象的人也可以和風象配，至少和月亮雙子的人配沒問題。雙子擅長分析、討論感覺，他需要把感覺知性化，而不是感性化。雙子的感覺變得很快，而且通常受他正在思考的知性題目所影響。月亮雙子和月亮獅子、人馬一樣愛玩，他們可以變成社交上的「親密」關係分享者，一種雞尾酒會式的親密。但當月亮雙子的人改變得太厲害時，月亮火象的人會覺得「對方怎麼變了個人」，但他們也不會想去探究，反正月亮雙子自己會調適，下回他們又合了。

月亮天秤的人情緒相當具有彈性，可以配合很多人，他們可以接納水象、火象或風象的人，他們會以很有禮貌的方式去適合不同的人，但談到他們自己的感覺，他們不是隱藏，也非壓抑，也不是沒有，他們會用一種很漂亮的包裝紙包起來。他們會要你看那張包裝紙，而不是他們裡面真正的感覺。

他們太愛配合了，以致他們認為流露自己的感覺都會造成不平衡，尤其人的感覺中難免有些負面、不快的性質，這些負面情緒月亮天秤就更不肯顯露了，這樣的人，你跟他在一塊時很「容易」、很「愉悅」，但是說到「感覺的親密關係」，他們連感覺的內衣褲都不肯脫，怎麼親密？

月亮在寶瓶的人是風象中最難和別人協調的人，月亮寶瓶的人感覺和情緒都讓別人覺得遙不可及和窒礙難溝通，但由於寶瓶主導了十一宮朋友宮，這種人是你們剛認識時會覺得他們很好相處，因為他們較適合泛泛之交或社團式、俱樂部式的關係。和他們相處久了，你才會發現他們的感覺、情緒相當疏離、客觀和有點冷漠。如果月亮寶瓶的人知識水準高，你或許可以和他知性討論人類的情緒哲學，他會提出相當具有洞見的看法；但如果你要和他交換私人的感覺和情緒，月亮寶瓶不會把真正的問題告訴你。他們的情緒太獨立了，和牡羊不同，他們並不是自我中心，他們只是很介意自己的獨立，因此真正有問題的部分他要留給自己去面對。

基本上，月亮風象的人彼此之間情緒的交流較和諧，但這也還不是「感覺的親密關係」，而是「精神的客觀交流」。

在文章一開始，我已經提過感覺為親密關係的一種，有人需要很多，有人只要一點；有人不太需要、有人想把「感覺」換成「精神」或「活力」等等。但畢竟這世界有太多月亮在水象的人，如果你愛上了他們，那當他們問你「你有什麼感覺」時，你要了解那是他們在表達一種對「感覺親密關係」的渴望，如果你讓他們太失望，那就可能會變成「對你感覺不太好了」。

我們每個人都天生生成不同的月亮星座，這是我們的資源也是限制。但你是什麼並不代表你不能「學會」什麼，我們也許不能像天生有音樂天分的人變成偉大的鋼琴家，但我們仍然可以學會彈琴，了解更多和我們不同的人所有不同的特質，這正是占星學的價值。我們從了解人的差異，學會更大的包容，我們也更能和諧的與人相處，也更了解人和生命的豐富多變。

Chapter/4

五宮的人生如戲

在占星學的設計之中，第五宮管戀愛、小孩、賭博，真是奇怪的組合，這個組合的關鍵即在於五宮的核心意義「遊戲」和「戲劇」。

這是個有趣的哲學命題，可以參破的人就了解人生的大祕密。在五宮之中，小孩、賭博和遊戲、戲劇連結在一起，就是告訴我們在人生中戀愛是遊戲、戲劇，小孩是遊戲、戲劇，賭博或投資也是遊戲和戲劇。

這個理論，土星重的人絕不同意，土星人看待戀愛、小孩、賭博很嚴肅。戀愛要有結果、小孩要出人頭地、賭博（或投資）要賺錢，因為土星人要贏不要輸，而遊戲和戲劇的本質是不在乎輸贏的。

這正是五宮的祕密——不在乎輸贏。遊戲、戲劇的意義在參與、經驗、分享、學習，生命的過程是宇宙的遊戲和戲劇。最美妙的戀愛未必有結果，最有潛力的小孩可能早夭，最有賺頭的投資可能失敗，我們從中得到了什麼？又失去了什麼？如果我們曾經好好珍惜和享用過我們的戀愛、小孩和金錢，我們已經得到過了，失去只是遊戲的一部分，一個遊戲的結束常常是另一個遊戲的開始，而人生的戲劇也是一生一世的交替，一代一代的演變，輪迴是生命的大戲。

但遊戲不是人人會玩或玩得起，也有人喜歡看戲而不喜歡演戲，有人會演得渾然忘情，無法分辨何為自己，有人則創造戲劇讓別人去演。不管如何，五宮都帶來了形形色色「可以玩」的世界，十二個宮位當中若無五宮的設計，人生就未免太嚴肅，五宮是人生脫離家庭（四宮）之後第一個大展身手的領域，接著就是六宮的工作，七宮的婚姻，八宮的性、金錢、權力的競技場，九宮的宗教和哲學（對人生的領會），十宮的人生志業（但和工作有所不同），十一宮的大我，十二宮的無我境界。

五宮是獨立人生的起步，通常代表青少年階段，開始談戀愛，脫離了小孩階段但仍相當孩子氣。五宮強的人，終生都會展現青少年的特質，特別「好玩」，也特別富創造力。但也有可能忽略了人生其他宮位的完成，只好來世再學了。有時五宮太強的人，特別不能適應人生的晚年，他們最不喜歡變老，五宮主星獅子座的人必可了解這個感受。這使他們在晚年時變得十分消沉，而不知道人生的晚年是體驗宇宙真理最佳的階段（尤其是十一宮和十二宮的功課）。

太陽在五宮是個雙重五宮的人，如果再加上太陽也在獅子座又落五宮時，就是三重五宮人了。他們天性愛玩、愛談戀愛、喜歡小孩、敢冒險、大方（有時候是浪費），富有創造力，對戲劇和各種表演都有天分。他們適合需要表演的工作，如演員、綜藝秀主持人、政客、宗教家（他們可以 play God）。當太陽相位良好時，他們通常戀愛順利、和小孩關係不錯、工作表現佳，或成為極富創造力的導演、編劇、演員、政客、領袖。但不佳的太陽相位，卻可能使他們成為無法過冬的愛玩蝴蝶族，或緋聞不斷的花花人物。有時他們會強迫他們的孩子去完成他們想做「明星」的願望，而不顧小孩的天分及性格是否適合；有時他們會為了引人注目而做些驚世駭俗之事而惹上麻煩。

月亮在五宮的人並不像太陽那樣，需要用行動證明自己的魅力或創造力，基本上他們「天生」即具有這種魅力和創造力，也許他們沒有太陽五宮人那麼光彩奪目，但同時也不像太陽五宮那樣給人壓迫感。月亮五宮的人吸引力比較溫和，有一種較隱藏的光芒，讓人喜歡親近。良好的月亮相位使當事人對戀愛很在行，他們是甜蜜的情人，但又不招蜂引蝶（不像太陽）。同時非常喜歡小孩，如果環境允許，他們不是節育計劃的支持者，除非月亮和土星、天王星、海王星、冥王星呈不佳相位時才無法如願。

但如月亮相位不佳，當事人的情緒困擾經常會影響他們的戀愛、小孩及財務處理。有時當事人嚴重的「戀母情結」使他們和伴侶、小孩的相處產生困難，像月亮在五宮的英國演員勞倫斯奧立佛即是有戀母情結的同性戀者，而月亮的不穩定也使得他們無法維持穩定的婚姻或親子關係。

水星在五宮的人熱愛各種和心智、文字、溝通有關的遊戲，他們是填字遊戲、西洋棋、益智節目、愛情小說的愛好者。他們也常常是很好的創造者，像法國象徵派詩人魏爾崙的水星就落在五宮。他們喜愛的戀愛要富有心智挑戰，如果對方言語乏味、頭腦漿糊，就算是人間第一美女他們也不會動心，他們吸引情人的方式也多半經由他們出色的心智。

當父母有水星五宮的相位時，他們會對孩子的心智教育十分投入，他們最有興趣的不是幼童，因為孩子那時的心智尚未發展，他們和孩子的關係會隨著孩子心智成熟而漸入佳境，尤其希望能和孩子談得來。如果水星相位良好，他們很適合當中學或大學教師，他們常可以保持心智的年輕，使他們和青少年的關係特別良好。

但如水星相位不佳，當事人可能消耗眾多時間沉迷於各種消遣之中，像玩牌、下棋、填字謎、看益智節目等等而荒廢正事；或者喜「談」戀愛但永遠只是「談談而已」；或對小孩的教育三心兩意，老是要小孩學不同的東西，卻不管小孩是否消化得了。有時不佳的水星相位，顯示當事人和子女之間有嚴重的意見分歧或爭吵的現象。

金星在五宮的人富有審美和表達美的天分，即使他們不從事藝術工作，也會透過其他方式來表達這種天賦，或者他們擅長居家布置、插花、手工藝等等。通常他在從事這些業餘的「藝術創造」活動時，特別會獲得內心的平靜。如果他們以藝術為職業，將是比較「宜人」的藝術家，即作品易為一般人欣賞。演員、畫家、音樂家、室內設計師、服裝設計師等工作也非常適合金星在五宮的人。

金星在五宮的人也是多情種子，他們是浪漫主義的信徒，常「為戀愛而戀愛」。當金星相位良好時，他們舉手投足之間會有一種金星式的美妙，不僅風采迷人、優雅，也會是社交界的寵兒；假如金星相位不好，他們會投注太多熱情在遊戲上，成為感情的花蝴蝶，或者過分追求美的表象，成為膚淺的美麗信徒，就像那些整天上美容中心但腦袋空空的女人。

良好的金星相位，有時代表他們的子女外表很美麗，或性格很美，或很有藝術天分，他們也很喜歡和子女分享美的經驗，家庭活動之中必包括畫廊、藝術中心、音樂廳等等。他們也鼓勵小孩從事藝術活動（像學畫畫、音樂等），子女通常帶給他們快樂和滿足，不佳的金星相位可能顯示子女過分沉溺於感官的享樂，或因懶惰而人生一事無成，或子女的戀愛生活經常出問題等等。

火星在五宮的人是風流種子，這和金星的多情種子或水星的愛談戀愛不同，他們的戀愛生活一定包括性的活動。而火星在五宮也是火星「最性感」的位置，瑪麗蓮夢露的火星就在五宮，他們有一種動物性的魅力，即使火星相位不佳時，這種魅力或許偶爾有點粗俗，仍然令人難以抵擋。他們很能吸引他們看上眼的人，而只要他們看上眼，一定會想辦法得手。他們不但擅長於戀愛前戲，也是床上遊戲的專家。

火星在五宮的人如果減少投注在性愛遊戲的精力，再加上具有藝術或運動天分時會成為很好的雕刻家、舞者、導演、運動員，尤其是像NBA、職棒這種娛樂性高的運動。

火星五宮人極富競爭精神，但作風大膽、喜愛冒險、缺乏耐心，因此他們雖然擅長戀愛遊戲，卻不是穩定可靠的情人，他們像唐璜一樣，對一個人的熱戀不能維持太久，他們是會搶走別人老婆、丈夫後又很快將之拋棄的人，當火星相位不佳時，他們很容易和愛人吵架，但常常熱吵反而增加了戀愛的熱度。

火星五宮的相位對子女不利，他們有時會選擇不生小孩，因為他們忙於追求其他「娛樂」，當他們有孩子時，也不是好脾氣、有耐性的父母，他們流於獨斷的性格，常讓子女吃不消，特別不佳的火星相位，有時子女易出意外，甚至會喪命。另外，這個相位也是女性容易流產墮胎的位置。

木星在五宮，如果相位良好，通常代表當事人有戀愛、子女、投資、藝術創造的好運道，他們是「正面思考導致正面結果」學派的始祖，相信樂觀就會贏，而通常他們也是贏家。木星雖然喜歡贏，但和火星的競爭心不同，並不喜歡和別人做比較，他們競爭的對象是自己。他們要贏過自己，但也樂於與他人分享世間美好事物。

他們的戀愛運很好，也容易吸引對他們「有利」的人，他們並不像土星般算計卻得不到，他們是無心插柳柳成蔭。他們的子女通常聰明，個性樂觀，又有靈性的潛能。他們也適合買股票或買彩券，尤其和天王星成良好相位時。在藝術創造方面，他們是重量級的藝術家，具有哲學和神學價值的藝術最適合他們，像英國詩人威廉布萊克即木星在五宮。

但當木星相位不佳時，當事人卻是一直期待好運道卻得不到，這會使情況變得很糟，因為盲目的樂觀使他們沒有土星的猜疑謹慎，或水星的理智分析。他們會在外人眼中最不樂觀的情況下，仍然孤注一擲而輸得一塌糊塗，但奇怪的是，他們並不會傷心太久。他們擅長對災難健忘，而又盲目樂觀的押注下一回合的人生賭局。

土星在任何一個宮都不是好相位，五宮當然也不例外，土星五宮人沒有童年、很小就被迫長大及承擔成人責任。因此，他們根本不懂得「玩」，也不敢玩。

「不解風情」是土星五宮人的特徵，他們缺乏藝術的感性和嗜好，對各種遊戲也不感興趣。他們覺得遊戲能得到什麼？只有浪費時間和金錢。所以他們更不會談情說愛，鮮花、禮物、甜言蜜語、花前月下、你儂我儂都不在他們的字典中。他們和子女的關係也是建立在責任之上，他們或許會教導出另一個認真規矩的好公民，但卻不管子女快樂與否。

有時特別不佳的土星相位會使得他們無法擁有小孩。或許是他們自己或配偶不能生育，或和小孩的關係特別困難，彼此之間似乎充滿了不該有的敵意，而這份敵意通常源自於他們對孩子採取過分嚴厲和冷酷的教養方式，他們也可能對小孩過於吝嗇，讓子女有物質方面的匱乏感。

土星五宮的財運不佳，他們不是能靠投資、中獎等不勞而獲方式發財的人，但也由於土星的受限，他們通常並不愛做各種投資或賭博，因為自知財運不佳，使得他們大輸的機會並不多見。

相位特別不好的土星五宮，有時會表現在「性」的困難上，他們可能性冷感或性壓抑，或因為不解風情使別人對他們喪失興趣，他們通常年輕時戀愛運特別不好，他們跟同年的或年輕一些的人談戀愛也不容易順利，反而是和年紀較大的人比較有緣。

土星五宮的人限制主要來自年少的養成環境，他們多半有個過分嚴格和缺乏溫情的父母，老是跟他們說「不准這樣，不准那樣」，使他們變成像西洋諺語中的「All work, no play, make Jack a dull boy.」（只工作，不玩耍，讓傑克變成了笨孩子。）土星五宮人要脫離這些童年的制約，首要任務就是要把父母的威權影響從記憶中剷除。

天王星在五宮的人期待不凡，也製造驚奇，因此他們可能有最聳人聽聞的戀愛史，如英國詩人雪萊的情史，他的天王星即在五宮。他們也可能有奇特而震撼人心的創造力，想想貓王艾維斯在保守南方唱歌時模擬自慰動作引起的驚恐和興奮，他的天王星也在五宮。基本上天王星五宮不喜歡傳統的親子關係，他們若有孩子，他們的教育方式也會很特別，他們可能會送小孩上森林小學或在家自學等等。

當天王星相位良好時，當事人的戀愛通常具有不凡的特質，像雪萊的夫人則是《科學怪人》小說的作者，才氣非凡。我有個美國朋友，他的太太是知名的小丑表演家，他們陷入戀情和結婚的方式也常常非常奇特，像我的美國朋友和他小丑太太是在戲院的男廁所認識的，因為他的太太走錯廁所。我還認識另一個天王星落五宮的女孩，她的婚禮是以高空跳傘的方式舉行。

但當天王星相位不佳時，在社會眼中，當事人的戀情常常既不穩定又不正常，像同性戀、婚外情。因為不佳的天王星相位，特別容易產生「反社會」的行為，我就認識一個三十多歲的單身男子「專門」和有夫之婦談戀愛。若天王星相位良好，雖然發生機率並不高，除非和木星成吉相，當事人可能有「突發」的好財運，像中獎等；或者有突然的偏財運，像買股票賺了一筆。但若相位不佳，最好避開任何有風險的投資。

良好的天王星相位，會有異常天分的小孩，尤其是在電腦及科學方面。但他們通常和小孩並沒有緣份也不親密，因此他們的小孩很獨立，很早就會想離開家，成人後也不戀家。如果相位不佳，或是受剋情況嚴重，當事人的小孩可能會有一些特別古怪的問題和疾病，像小孩有自閉症或腦性麻痺等等。有時小孩正常，但天王星五宮的父母卻未善盡父母之職，他們可能嚴重的疏忽小孩，弄得小孩三餐不繼，或管教小孩的方式很反社會，導致小孩養成犯罪的性格。

當海王星在五宮時，當事人對戀愛充滿幻想和不實際的期望，他們易於暗戀，可以暗戀他人多年而沒人知道。他們也易於陷入婚外情，但和天王星的婚外情不同，天王星常常見好就收，來得快去得快；海王星的婚外情就總是變成苦戀，一拖好幾年，而對方總是不肯離婚，海王星五宮最「喜歡」的戀情就是「無法完成的愛」。美國作家費滋傑羅的海王星就在五宮，他最出名的作品《大亨小傳》就是一本標準的海王星五宮的戀愛小說。

當海王星相位不佳時，當事人常必須為戀愛犧牲。他們可能為了一個不肯離婚的情人而獨身一輩子，或愛上一個有嚴重酒精或毒癮或精神失常的人，費滋傑羅的妻子Zelda這三項毛病都有，他們幾乎是「為受苦而戀愛」，而受苦使他們愛得更深。

海王星五宮的人，如相位良好時，具有藝術天分，但他們的藝術本質不是金星的「宜人」和「美妙」，而是「受苦」及「幻想」。通常他們是比金星五宮的人更好的藝術家，因為他們處理的題材及表現的深度，更能涵蓋人類的集體無意識。有時，這種藝術天分會表現在小孩身上，但這種藝術天分既是祝福也是詛咒。

不管相位好壞，海王星五宮的子女都不太好帶，因為這種小孩天生容易受苦，他們有著過度敏感的個性或身體，容易有皮膚病、氣喘等等問題，而當相位不好時，海王星的子女常遭受肉體的不幸如殘障，或精神的不幸如智障，這使得父母注定要為子女犧牲。有時海王星五宮會顯現在私生子女或領養子女的現象，但被領養的子女並不知自己不是親生的，這是標準的海王星式的困惑。

海王星五宮對投資也不利，有時海王星也顯示投資上受它們的欺騙，雖然有時海王星五宮的人會對社會的趨勢有種莫名的「第六感」，他們告訴別人某一支股票會漲，常常很準，但他們就是不適合為自己理財。他們要不是遲疑不敢買而錯過買點，就是臨時又「困惑」而亂挑另外幾支賠錢的股票。

冥王星天性愛控制和操縱，落入五宮自然是占有欲強，會耍手段，心機深沉，毅力、意志過人的情人、父母、藝術家。

冥王星的戀愛和性的糾葛是一體兩面，冥王星五宮的人不像火星五宮的性感那麼明顯或「外露」，但他們也是很性感的人，只是較為隱藏。而性感的來源不像火星表現在身體或動作，而是表現在精神的神祕和激情。他們雖然喜歡性，但比火星、天王星、海王星忠實多了，他們只會為另一個深刻的激情而變心，不會輕易為性而性。問題在於變心的冥王星五宮人通常對前任仍有割捨不掉的感情和「性趣」，因為他們愛得深，即使「變心」也忘不了舊情。這使得冥王星的外遇變得很複雜，更讓三角戀情的任何一方飽受激情的折磨。冥王星五宮也是有名的祕密戀愛的位置，但這不是暗戀，他們太驕傲了，絕不會單相思。他們只是擅長守密，把隱私當成個人的城堡一樣防守，冥王星在五宮的美國女星芭芭拉史翠珊即以擅長不讓媒體發現她的祕密戀情出名。

如果冥王星在五宮相位不佳，有時他們的戀愛會遭受「死亡」的打擊。我看過一個例子，一對戀人在準備結婚時，一起買結婚戒指的那個晚上，男方騎摩托車意外喪生。有時候冥王星在五宮的人會因失戀而自殺或殺人報復，愛玩感情遊戲的人要特別小心冥王星五宮人。

冥王星五宮的人對子女有過度保護的傾向，他們總以為自己知道什麼對孩子最好，插手全權處理子女的一切，這會帶給子女很大的壓力，也造成親子關係的緊張。不佳的冥王星相位有時會顯現孩子有精神方面的問題，如過動兒或患焦慮症，或者有的孩子在童年時會遭受到性侵害。

冥王星五宮的母親在懷孕時要特別小心，因為冥王星容易造成生產的困難，對孕婦及孩子都有危險，我看過一個例子，當事人即因生產失血太多而喪生。而冥王星五宮的男性，有時會因新生兒的誕生而變得極度緊張不安。因為冥王星的「再生」，有時會帶回遺忘已久童年記憶中的鬼魅，因為新的生命來臨，使他們記起過去一些已經埋藏在潛意識中的創傷，他們被迫再度面對。我有一個朋友，即在三十五歲第一次為人父時，再度被迫面對他的親生母親在生他時難產而死的痛苦，使他陷入嚴重的精神憂鬱，長達兩年多。

極好的冥王星相位，有時會從投資賺到鉅額利潤，因為冥王星是一顆巨富星，尤其當投資標的具有冥王星特質，如石油、金礦、寶石等，或軍火、醫藥、生物基因等等，但不佳的冥王星相位則帶來鉅額損失，例如遇到經濟大恐慌期的股票崩盤。

冥王星的藝術具有全權型、全方位的創造力。他們喜歡重要的工作，喜歡一切由他做主，想想冥王星五宮的芭芭拉史翠珊拍電影，從製作、導演、編劇、演員都一手包，就可了解他們的風格了。也因這種霸道和不信任他人的性格，使冥王星五宮的人很不容易相處，尤其當冥王星受剋時，他們可能是魔鬼型的藝術家，人人恨他，但又不得不佩服他們的才華。

從五宮落入的行星，我們可以觀察到各式各樣的戀愛、撫養子女、投資的遊戲和戲劇。但這些不同層面的表達經常不會同時在單一星圖上表現出來。在我觀察及研究星圖的實例中，常發現一個有趣的現象，像一位婚前熱衷戀愛遊戲的女人，婚後卻變得十分忠實，是她的丈夫那麼有辦法嗎？其實仔細觀察她的生活，原因就在於她新的戀愛對象是她的兒子。她熱愛兒子就同從前熱愛愛情一樣，把全副精神花在與兒子遊戲上面，因為她的太陽在五宮。

中國人有句俗語「情場得意，賭場失意」，用來解釋星星現象也滿準的，我認識一個長輩，是個大企業家兼大賭徒，他從台灣賭場一路征戰到拉斯維加斯，他的冥王星就在五宮。但他就告訴我，只要他帶女朋友上賭場，就從來沒贏過錢。我告訴他，是因為他把冥王星的精力和激情在情場上用掉了，自然在賭場上就不靈光。另外有位火星在五宮的朋友，是個舞者，卻幾乎過著禁欲的生活，這和火星五宮的特質大相逕庭，但是只要想想他一天練舞十二小時，就不難了解他的性欲都用到哪裡去了。另一位火星在五宮的朋友，熱中做菜，火星五宮人也以具有烹飪天分而出名，可見性欲和食欲的孿生關係，墨西哥電影《巧克力情人》或台灣電影《飲食男女》都不約而同的處理這個題材。

五宮只是十二宮之一，但常常是最引起大眾關注的宮位，我們很少對別人的工作（六宮）有莫大的興趣，除非與自己有關，也很少關心他人的宗教和哲學信仰（九宮）或他人的內心世界（十二宮）。但我們多半對別人的戀愛感興趣，想想看，有多少電影或戲劇以愛情做主題，小孩也常常是人們目光的中心，想想一個宴會中來了個小嬰兒，所有人的注意力是不是都被搶走了。投資股票市場更是現代人，尤其台灣人的狂熱。

五宮也許只是遊戲一場，就像人生，一場遊戲一場夢，五宮只是表現得特別徹底罷了！了解五宮的運作，讓我們能玩得開心些，也「不在乎」些，五宮之戀和遊戲，要同時懂得演戲、導戲、看戲和退場。

Chapter/5

八宮的神祕：人類原欲的煉獄

從一宮至八宮，是以個人為主體的領域，個人經歷了各個不同領域的學習和考驗：如個人和自我形象（一宮），個人和自我價值（二宮），個人和早年環境及近親（三宮），個人和家庭（四宮），個人和自我之愛、戀愛及孩子（五宮），個人和健康、工作（六宮），個人和婚姻或事業伴侶（七宮）。經過了這七個宮的學習與探索，個人到達了一扇神祕門，進入八宮即進入個人最神祕的領域：個人的潛意識和原欲。所有在前述七宮壓抑的、逃避的、潛意識的困難和問題，都將在八宮以最激烈的方式呈現。

八宮是性、愛、權力、金錢的戰場，是死亡和再生的地獄之門和天堂之門。無法通過八宮考驗的，將如精神已死的行屍走肉，迷失於個人的哲學和宗教之旅（九宮），個人和人生事業（志業）之旅（十宮），個人和人類家庭（大社會）之旅，最後遁入個人無意識的渾沌之旅（十二宮）。

但通過第八宮考驗的人，即獲得精神的再生，將在九宮至十二宮的旅程中獲得更高層次的提昇和進化的經驗，而為下一次的生之輪迴做了較好的準備。或者是超脫輪迴，直達涅槃，但這種大聖悟道的可能性太稀少了。

八宮是非常難學習的課程，因為它涉及了一般人意識無法企及的潛意識（sub-consciousness）。關於人類潛意識的探討直到近代心理學才開始摸索，在此之前，八宮的神祕只有透過各種藝術的媒介才可偶窺堂奧。而九宮代表的哲學和宗教也提供了某些鑰匙，以幫助想打開八宮神祕之門的「修行者」。對於無法領悟或獲取八宮祕典的人，通常是跳過難學的八宮，而繼續他們的人生之旅，這些人將面對未來各宮的失敗。

九宮的失敗是沒有個人哲學或宗教的領悟，只是攀附社會提供的哲學或宗教的依靠，但並無個人的領悟與意識的提昇。許多不同宗教的信徒都只會穿著哲學和宗教的外衣，而無內在的轉化。十宮的失敗將是缺乏人生的志業，所謂的事業只是個人和現實妥協的工作或職業，或純粹為追求個人功利目的的實現，如個人地位、名譽、權力，而非以社會目標為重的自我實現，十一宮的失敗是個人對「人類大家庭組織」如交際圈、各種社團、國際協會的認同只停留在個人利益的滿足，如增加人緣，慈善協會增加聲望等等，而非以滿足人類大家庭的希望與願景，以實現博愛的價值。十二宮的失敗，則是個人停留在黑暗的社會集體無意識之中，受業力（Karma）的牽引，活在佛家所說「苦海無邊」中，而無法超越「無明」。不管是佛陀坐在菩提樹下，或摩西走入沙漠，他們面對的都是八宮的煉獄，他們的悟道即八宮主導星冥王星產生的正面力量：再生與轉化。這些「新生」的人成為佛教和基督教的使者。佛陀或摩西是人類求道的偉大例子，同樣或不那麼偉大的例子在歷史上其實也發生過無數次，像但丁的《神曲》，歌德的《浮士德》，杜思妥也夫斯基的《卡拉馬助夫兄弟們》，或華格納的「尼布龍指環」等等，都是反映人類面對八宮煉獄之旅的記錄。

在人生旅程中，若個人本命星圖中有一個或一個以上的行星落入八宮或在天蠍座，八宮的課題在其生命之旅中即占有重要地位。當行運（transit）使各個行星落入第八宮，該行星代表的性質對八宮產生影響時，也是八宮課程重點學習的機緣。八宮是一個「隱祕之宮」，這些深藏在個人潛意識中的課程會盡其所能的自我壓抑、逃遁，盡量不讓自我面對，而以其他形式呈現或轉移，通常是透過身體或精神的疾病或死亡。

八宮也是一個「保密之宮」，除了近代的心理鼓勵「病人」向心理醫生表達八宮的感受外，一般人與人之間的溝通和傾訴很少會觸及八宮的領域。我們或許會向朋友談論自己對戀愛、家庭、伴侶的感受，但有多少人會向別人傾訴自己對「性、金錢、權力、死亡」的潛意識心理作用？因此我們在了解八宮的現象及作用時，除了透過個人的心理分析外，藝術文學作品往往是較好的樣本。藝術家透過作品重新建構了人類潛意識的地圖，透過一些偉大的藝術作品，我們更深刻的經驗和了解八宮的心理動力，如激情、憤怒、嫉妒、貪戀、懷疑、背叛、出賣等等。從佛家的理論來看，八宮是「五毒」的發源地，藏在人類的無明（潛意識）中。轉換無明至清明，我們必須先認知這些心理動力的存在，而不能否認或壓抑它們。因為「惡」是不能永久被破壞或驅逐的，它們會找機會再回來，當它們捲土重來時力量會更大。「五毒」只有透過「接納、了解、轉化」才能變成「五德」。

當太陽在八宮時，當事人的個人意志和人格必定和他人因性、權力、金錢的糾葛而有所摧毀、劇變、死亡和再生。當事人的人生如同一個羅馬競技場，身無寸鐵的個人必須和象徵性、權力、金錢的各種野獸搏鬥。我研究過一個朋友的父母的星圖，太陽在八宮的父親娶了一個豪門之女，但這個父親在外早就有情婦和私生女，娶妻是為了對方的家世及豐富的嫁妝。但太太也不是省油的燈，在她發現真相後，雙方便進入長期的熱戰之中，太太的娘家開始封鎖男方的經濟，先生則開始不和太太同房，讓她成為「活寡婦」，雙方的對決終於導致悲劇的結果，有一天兩個人又在汽車中大吵起來，開車的丈夫在情緒失控下撞上了高速公路的安全島，丈夫身亡，妻子重傷。這是太陽受剋在八宮最悲慘的例子。

月亮在八宮的人，對他人潛意識中的「心理伏流」有著特殊的感應力，尤其在他們年幼時，對於母親的內在心理都有著比其年齡要成熟許多的敏感度。我有個朋友月亮在八宮，他的母親是個典型中國舊式社會的「賢妻良母」，因媒妁之言嫁給了嚴肅、冷漠、不解風情的丈夫。我朋友說他從小就感受到母親「失落的心」，每次家中有客人來往或出門遇到一些大人，他都生怕母親會突然愛上別人。他甚至暗中選擇過一些他覺得配得上母親的男人，還考慮過母親如果出走，他也要跟著走。這些「暗想」，使他一方面同情母親，一方面又對父親深懷罪惡感。尤其是他父親是家中經濟的支柱，父親的收入和權力成為他和母親的牢籠，使他們插翅難飛。

由於他從小就對於人與人之間的這些性、權力、金錢的主題特別敏感，當他長大後，又娶了個收入比他高的妻子，他發現自己似乎再度陷入了母親當年的處境，唯一不同的在於他的妻子並不是一個嚴肅、冷漠、不解風情的女人。相反的，對方非常溫柔、可愛和迷人，許多朋友都羡慕他的好運道，但他內心卻一直隱隱的因為妻子比他高許多的收入（他的妻子是開業醫生，他是記者）而不安，而這個不安似乎慢慢的在腐蝕他的男性尊嚴和性能力。他「覺得」妻子在控制他，但是沒有證據，他「覺得」妻子比他有權力，這是標準受剋月亮在八宮的心理。

水星在八宮的人對於人與人之間的微妙關係觀察入微，他們是天生的「偷窺者」，總不放過別人的潛意識。如果水星相位良好，他們很適合做心理學家，也適合寫偵探小說，或以金錢、性、權力、死亡、鬥爭為主題的犯罪小說。當水星相位不佳時，他們則變成這些小說中的角色，身陷在八宮的糾葛之中，他們尤其要小心和近親，像兄弟姊妹及堂表兄弟姊妹等等之間產生性、金錢和權力的複雜糾葛。

金星在八宮的人，對人與人之間情感的交流具有絕佳的感應力，他們能感受到別人的需要，也知道如何配合。當他們和別人性接觸時，能讓他人放鬆和享受，他們是絕佳的床伴。但金星在這個位置通常顯示他們在性方面總是和金錢的企圖有關，這個位置以marry for money 出名，如下嫁歐納西斯的賈桂琳就有此相位。如金星相位良好，他們通常會嫁給金龜婿或因妻子而躋身上流社會。但當金星相位不好時，則可能在婚後即喪失金錢的安全感，覺得人財兩失或為錢而從事不正當的行業，像妓女或舞男。

火星落入八宮的人，就如在加油站放火一樣，他們是八宮戰場的戰將，所有八宮潛藏的心理動力都會以行動表現。他們可能是激情的戀人，同時會和伴侶因為共同戶頭的金錢支出而鬧翻天，在臥室中因性嫉妒而演出全武行。火星的侵略性和盲動使他們成為非常難纏的情人，他們會以相當野蠻的方式控制他人的金錢、性和個人自主權。我有個朋友嫁給火星在八宮的大學同學，談戀愛時她雖然就知道對方善妒、脾氣壞和霸道，但是由於浪漫沖昏頭的「小女人主義」，使她誤以為對方的一切缺點只是大男人的熱情。直到婚後，她才真正嘗到苦果，對方禁止她在未經他的許可下和別人交往；家中大事小事都要以他的意見為重；他又性欲過人，當她累了或心情不好時，他則硬來。再加上金錢的用度必須隨時申報，壞脾氣和婚前一樣，從此夫婦開始爭吵。有一次，女方忍無可忍逃回娘家，才第三天，她拿著共有的提款卡去銀行領錢時，才知道對方已經把戶頭內的錢全提光了。他們那時甚至還沒談到離婚，我的女友在心灰意冷下決意和丈夫分手。但想和火星八宮的人離婚可沒那麼容易，對方硬是不簽字，目前他們雙方已正式分居了快三年，離婚仍遙遙無期。

木星在第八宮的人，有獲得他人之財的好運道，這個相位以易於獲得父母、配偶或親戚的遺產出名，有時婚姻也會帶來意外之財。但這和金星為錢而嫁不同，木星嫁娶時，對方可能還是窮小子或窮女孩，但婚後對方突然生意發達了、中獎了或拿到一筆遺產等等。由於金錢來得意外和不費工夫，木星八宮的人也以慷慨出了名，尤其是對情人、配偶。他們喜歡用錢「收買」別人的感情或性愛，受剋的木星在八宮的人對金錢和性的態度相當放縱，他們的「權力」來自他們的慷慨和大方。

土星在八宮時，當事人最大的困難都在於無法和他人「分享」性、金錢和權力。他們可能對性採取相當保守或禁忌的態度，沒有能力也不喜歡和他人有真正肉體的親密，性只是發洩性欲或盡一份婚姻的責任。他們對共同戶頭的看法是「你的可以是我的，但我的還是我的」，這使他們變成十分吝嗇的配偶。他們對權力的要求不像土星那麼火爆，而是以一種嚴肅、沈默、冷靜的方式向他人表達「這是我的地盤，不要越雷池一步」。他們不太干涉別人，但自己的事絕對自己做主，沒有商量的餘地。我有個親戚，從小就是個「壁壘分明」的人，從不肯請他人客，她的零用金父母絕不可支配，也從不和親戚朋友同學分享她的玩具、用品和衣服等等。長大後她選了個十分適合土星八宮的職業——當了會計師，之後嫁了個律師。但因為土星八宮的人很難滿足配偶，婚後沒幾年先生就有了外遇，兩個人打起離婚官司，在爭財產時鬧得水深火熱。

土星八宮人常常非常看重金錢，但又因金錢而有所不快或不幸。另一個例子是，朋友的丈夫土星八宮，父親早年去世，他人在國外求學時，母親又在台北因意外喪生，當他趕回台灣時，對妹妹提出的母親的財產分配及遺囑十分不滿。他認為妹妹早就領走了一大筆錢和賣了股票，他一狀告到法院申請遺產重新分配，自此和妹妹形同陌路。土星八宮最容易讓我們和至親因錢傷感情。

天王星在八宮的人，常常因和他人的性和金錢的關係交上好運道或壞運道，端看天王星的位置而定。我看過一個有趣的例子，有個中年女子因先生事業失敗，也淪落為債務人而一文不名。這女人和丈夫離婚，繼承了一筆「債務」，在和債權人屢次開會討論如何還債的過程中，其中一個債權人居然愛上了她，最後娶了她，並為她還掉了所有債務，天王星的力量真是不可預測。天王星八宮的人有種特別的性魅力，怪不得這個女人會被看上，因為天王星像一架雷達般，把八宮潛藏的性磁力播放而出，他們以一種不費工夫、不著痕跡（不像冥王星八宮人）的方式控制別人，性魅力是他們權力的中心。

海王星在八宮時，性、金錢、權力都可能是當事人有所「犧牲」之處。當事人極易受親密伴侶之欺而遭受金錢損失，或因一時迷惑或性格過分被動而被他人占了性的便宜。譬如和不想發生性關係的人上了床，或在約會中被強暴等等。他們也可能會因為想和自己所愛的人徹底結為一體，而變成「愛奴」般的伴侶，任由對方的權力凌駕在個人自由意志之上，完全聽任對方擺布，有不少被虐待狂都出於某種精神的自願。

海王星在第八宮也是個對性的認同相當困惑的位置，我有個同性戀朋友是個羅曼蒂克的男人，一直期盼有天他的白馬王子會出現，和他共度餘生。有一次他愛上了一個剛退伍的軍人，對方說服他出資做生意，他滿懷希望投入半生積蓄，夢想生意成功了就可和男友共組家庭等等。天可憐見，他的夢中情人捲款跑了，他人財兩失。但他一直告訴我，他最難過的不是錢，海王星八宮是不在乎錢的，而是那個男人是不是一開始就存心欺騙他的感情？

冥王星在八宮時，如同定時炸彈放進了火藥庫，不知何時會引爆整個火藥庫。當事人的性驅力和侵略性都很驚人，但他們的侵略作風和火星八宮人不同，他們不像火星那般直接及衝動，而是以一種更富集中力和深沉意識的操縱手腕進行。冥王星八宮的伴侶，一開始或許不自知對方已經布下了天羅地網，等到發現時已經為時太遲，通常只有任憑宰割。我看過一個例子，一對夫婦的生意合夥人，丈夫因有票據前科，因此太太為了保護雙方的權益，建議公司股票及名下的不動產皆以太太名義登記，長期下來，太太名下已有了三棟不動產而先生全無。花心的先生偶爾在外逢場作戲，但全不敢認真，因為他知道一談離婚，他將馬上變成一無所有的人，這套「馭夫術」其實是夫婦雙方共同默契產生的。金錢成為控制他人就範的最佳防禦工事，這位太太的冥王星即在八宮。

冥王星八宮的人非常深謀遠慮，他們絕不讓自己失去對他人金錢、權力、性的控制。

但奇怪的是他們的人生也很少風平浪靜，總是會捲入最複雜的權力鬥爭中，而這些鬥爭經常發生於遺產、稅務、商業交易和離婚財產分配上。通常他們都會贏得金錢，但輸掉幸福。冥王星八宮的問題在於一種深植於動物原始本能中的侵略性和占有欲。他們像是活在野蠻叢林的人，只深信物競天擇和優勝劣敗，他們把自私、殘忍、侵略當成生存法則，使得他們經常活得比一般人辛苦，有時他們這些毀滅性的力量會轉向自身，而使得冥王星八宮的人容易碰上九死一生的危險關頭；不那麼幸運的人則有可能碰上暴力和災難性的死亡。

八宮是個執著之宮，原欲之宮。八宮的主要考驗就在於放下執著與欲求，不再對他人的性、金錢和權力有所「貪」和「癡」。八宮的神祕啟示即在分享而非占有，經驗而非保存。人生苦短，我們對他人性、金錢、權力的占有能維持多長呢？最後一切仍煙消雲散，而到那時，靈魂如果仍沉浸在八宮的苦海之中，勢必要面對靈魂不得超脫的大劫。

宗教勸人向道，最主要的即在勸人放下身外之物，而主要的身外之物，即性、金錢、權力的執著和欲求，但要放下名分容易，放下心眼難。許多宗教大師仍然以他人、宗教組織的名義爭相建蓋更大的宮廟、教堂、清真寺院，或鼓勵信徒捐獻更多的錢，買更多的功德。這些都是不死的冥王星在八宮的作用，這些披著宗教外衣的偽宗教，只能徘徊在九宮的窄門前，而進不了提昇人性、轉化靈魂的哲學和神學的九宮之殿。

當冥王星行運行經個人本命星圖的八宮時，經常是個人面對與他人性、金錢、權力衝突的時候。譬如忠心的配偶有了別的性對象，離婚面對的財產糾紛，或親密的伴侶死亡，或遺產的分配引起爭議，或政客被削權，政治利益大受影響等等。一般人面對這些衝突和糾紛的反應通常都是憤怒和敵意，總認為別人或「命運」欠他們什麼，本來擁有的就是屬於他們的，不該失去，誰想奪走他的占有物，就要大家好看。而這些憤怒、敵意常常使得問題變得更嚴重——分手的夫婦變成敵人，把小孩、家族集體捲入敵對狀態；不滿的政客發起政爭，非要全國百姓一起跟著遭殃。然而這些行冥王星邪惡之道之人，通常還會認為自己是正義的代表，只有極少數宇宙的選民，才能解脫八宮的考驗，他們將八宮底層的侵略動力轉移為創造動力。達文西的冥王星即在八宮，他的美學成就已得到了神的祝福。

八宮是人類原欲的煉獄，而這個煉獄即人間。我們所有的修行，不管是透過人生、宗教、藝術或哲學等等，都將透過人間煉獄完成。透過占星了解八宮，能幫助我們好好走在這個旅程上。

Chapter/6

愛神的三種象徵：肉欲、激情、親愛

神話學大師坎伯說「神話是人類公開的夢」。經由神話，人們可以接觸到人類集體意識所做的夢，而這些夢又成為我們私人的神話，指引、影響、塑造我們的日常生活。西洋星座神話中有三個重要的愛神，各自代表了人類情感經驗中不同層面的愛情，了解這三個愛神的象徵，有助於我們更深刻的體會情感的複雜和奧祕。

每個人一生可能經歷的情感命題都不一樣，有人或許只經驗過一個愛情象徵，有人或許全都經驗過；有人也許在一次戀愛中經驗三個愛神象徵，更有人也許分成好幾次或好幾十年才能經驗這三者；甚至有人一生渾沌，從未能從「神話的層次」去經驗現實情愛，也自然喪失了從自身平凡或不平凡的經驗中去體會、印證神話的宇宙意義。神話能讓渺小的個人提昇至神話英雄的境界，我們「私人的神話」使我們的生存變得豐富、高貴和充滿活力。

SAPPHO：莎孚的「性」

莎孚是第一個要討論的愛神象徵，照古典神話定義，她其實並非神，而是古希臘的女詩人，但她對於人類性欲的深刻理解和描述，已使她成為古希臘的愛神和性神。從一首莎孚的詩中——這首詩可能是人類現存最古老的描述情欲的詩，任何一個現代讀者都可以自然的橫跨古希臘和現代的時空差距，而完全體會出詩中那種永恆的情欲經驗。

莎孚寫著：「我坐在你面前，專心聆聽著，你溫柔的嗓音和動人的笑聲，我的心在胸前正緊緊怦怦的跳著，我注視著你，已經不知如何說話了，我只能沉默了，就在那瞬間，一陣熱火傳遍我的肉體，我的雙眼朦朧，我的雙耳喧鬧，我的汗水淌洋，我的全身戰慄著……」莎孚描繪的是什麼？有人會說是「愛」，也有人會說是「性」，關鍵在於你自己私人神話中如何定義愛和性。

莎孚真正感興趣的是肉欲經驗——在受到突發的刺激，可能是一個眼神、笑聲、味道或觸覺等等而產生的一種原始的生理本能。羅蘭巴特寫道：「我一生中遇到過成千上萬個身體，並對其中的數百個產生欲望。」即在描述莎孚的欲望。當男人（也有女人吧！）在看色情裸體照時，感受到的也是莎孚的欲望；當人們在街上和某些陌生人相遇，也許某個眼神或一種特殊的姿態抓住了你，這也是莎孚的欲望；或許在某個場合，你的目光不由自主的緊跟著某個對象，你會覺得全身發緊，這就是莎孚的欲望……每個人誠實面對自己深沉的欲望時，一生中總有那麼些次（幾十次或幾百次）突然而來莫名其妙的欲望，但大多數人很少將它付諸行動，我們每個人都根據自己的道德準則來「掌控」自己的欲望。

莎孚的欲望是火星的欲望，和金星一點關係都沒有，有時在你突然對某個人產生欲望時，根本沒有時間、沒有機會讓你「發現」那個人是不是你會喜歡的。我們多半只是假設我們喜歡對方，甚至倒果為因的認為，因為我們有欲望，所以應該會喜歡對方。人和動物不同之處，即在於有人會為純粹的慾望感到羞愧，因此人需要發明許多美麗的藉口來掩飾自己的欲望。一般而言，火星在土象的人（主要是金牛和摩羯座），或火星在五宮及八宮的人有較強的肉欲。但火星在金牛和摩羯的人相當小心，他們若遇不到「安全」的性伴侶時，寧可自慰滿足。至於火星在處女的人雖然很了解欲望的深沉，但卻很難著火。而火星在五宮的人，則是很容易起火的人，但說到對性的癡迷和全神投入，沒有人比得上火星在土象又在八宮的人。

火星在火象星座（牡羊、獅子、人馬）的人是性欲的鬥士，他們不像火星土象的人有那麼深沉的欲望，非要筋疲力盡才能滿足，這是一種征服的欲望，但來得快去得也快。他們也不像土象那麼小心，花花公子或花花公主很符合火星在火象的人。但是，弔詭之處在於，一般人總以為花花公子或公主是很好的性伴侶，其實並不那麼簡單，我們甚至可以這麼說，花花公子或公主必須不斷的換對象，才可保持他的名譽。一則是他們愛新奇，二則是他們其實並不是很好的性伴侶，他們如果在一個關係中待太久，當最初欲火焚身的熾情一過，他們其實缺乏真正滿足對方的能力。為什麼呢？因為火星在火象的人，太受限於自身欲望的滿足，因此不管男女雙方，只要自己得到滿足，就不太能堅持下去，而糟糕的是，他們滿足的速度通常比一般人快，他的性伴侶很少追得上他。

火星在水象星座（主要是雙魚、巨蟹）的人，很難變成純肉欲的人。他的欲望中總交織了太多情緒、心結、感覺，而純肉欲的經驗（像一夜風流）常常帶給他們負面的感受，像是有罪、不潔、被利用、沮喪等等。他們也是被動的人，幾乎不主動追逐心儀的對象，但偏偏他們很愛對人說不。尤其是火星雙魚的人，常常「不太心甘情願」的成為別人欲望的征服對象，往往事後感到懊惱及痛苦，他們是「不忠實但受苦」的出軌者。花花公子、公主最好不要找火星在巨蟹的人，他們太容易受傷害，他們雖然也有激烈的欲望，但總是把和別人「發生關係」當成「交換」，他們交出自己的身體，目的是換成安全感及保護，他們當然不會是純肉欲型愛人。

火星在天蠍有著非常狂野的欲望，但由於他們的欲望中總有一些神祕的心理介入，使得即使最肉欲的天蠍愛人也無法只把性當成性。莎孚對性的描寫，對他們而言是不夠的，他們必須用下一個章節仔細討論。

火星在風象星座（雙子、寶瓶、天秤）的人，也不是欲望國度的標準屬民，雖然有時候火星雙子看起來很像，因為他們喜歡不斷的換性伴侶，其實這只是他們從事情欲田野調查的一種方式。火星雙子收集的是各種不同的身體對性的不同反應，他們是實踐型的金氏性報告調查員。火星寶瓶則不同，他們或許說起話來很大膽，性思想前進，但說得多、做得少，我常常想 Dr. Ruth（羅絲博士）未必有豐富的性經驗。火星天秤的人是很迷人的愛人，他們會說好聽話、舉止文雅、衣著得體，懂得燭光、音樂、花朵、美食等等的重要性，人們會享受和火星天秤的人在一起，但別對實際的性活動有太大期望，他們或許擅長調情、前戲，像親吻全身、溫柔的擁抱，但並不真正享受最後性交時的熱汗淋漓、氣喘如牛。對他們愛美又纖細的感受而言，太動物性的肉欲會讓他們倒胃口。

莎孚的欲望是超越個人的，不能從「一個特定的身體」得到滿足，因此當人與人之間的關係奠基在莎孚的欲望時，自然無法持久。莎孚的欲望是客觀的，而非主觀的，不管當事人願不願意，你的欲望就是轉向了。

希臘神話中的女神愛芙蘿黛特的意象有時也和莎孚在一起，伍迪艾倫了解這一點，才拍了《非強力春藥》（Mighty Aphrodite），而 Aphrodite 這名詞也被當成春藥的代名詞，電影中的女主角也等於是印度神話中那個滿足人類欲望的神聖妓女女神，她相信純肉體欲望的滿足有精神治療的作用，春藥可以醫治人類欲望的病。但伍迪艾倫在電影中最後都要讓愛芙蘿黛特去做良家婦女，說明了我們只能偶爾經驗神話，不能永遠活在神話中。

Eros：愛蘿斯的「激情」

在希臘神話中，愛蘿斯是愛神的代表，和 Venus 維納斯愛神的不同在於，愛蘿斯的愛是passion，非常強烈和活躍，激情的對象可以是任何事物（這是斯賓諾莎的名言）。在希臘神話愛蘿斯為男神，他是宙斯和愛芙蘿黛特的兒子。在神話中男神並不等於「男人」，強調的只是男性、陽性元素：積極、主動、熱烈。但維納斯則是女神，強調的則是女性、陰性元素：被動、軟化、愛做夢。維納斯的愛是溫柔的，只愛美好的事物。維納斯不帶給男人威脅，而愛蘿斯則會，這也是為什麼文化中許多男性藝術家推崇維納斯勝過愛蘿斯了。

男人和女人都可能認同愛蘿斯而非維納斯，也可能相反。不同的認同自然反映出不同的情感態度，最大的差別即在於是否有性。愛蘿斯必須有性，即使不真正「行動」，但至少要有性的幻想，但愛蘿斯不像莎孚，光是性並不夠，性只是愛蘿斯的汽油，愛蘿斯本身是激情的車子，性讓愛蘿斯發動，但跑的是激情本身。維納斯則不同，可有性但不必非有性，對維納斯而言，性只是某種調味料，有的菜需要，有的菜並不需要。

莎孚的欲望很容易轉向，但愛蘿斯的激情卻很難轉向，一旦對某個特定對象有了passion，通常都會持續相當的時間，有的人在換過好多情人之後，其實內心深處仍然只對一個只有他自己知道的人有passion，其他情人只是這個激情對象的替代品。

激情是人類情感之中最深沉、最複雜、最奧祕、最難開啟的一扇門。有人終生不曾進入這樣的門內，有人進去了就再也出不來了，有的出來之後一直想再進去，有人從此不敢再進去，沒有人知道開啟這樣的門的鑰匙在哪裡。從占星學上而言，這把鑰匙在我們星圖的靈魂深處，只有靈魂知道什麼人可以讓我們打開那扇門，在什麼時刻、在什麼情況門會突然打開。除了我們的靈魂，我們的意識並不能預知，直等到發生了，我們才知道「激情」在那兒。

激情是被現代流行文學、流行音樂大量濫用的字眼，很多人總是把莎孚的欲望說成激情，像什麼「一夜激情之後，明天就把我忘記」，激情哪裡那麼容易忘記。激情是詛咒，纏上了好久都脫不了身，像電影《純真年代》中，男主角終生對女主角都懷抱著無法移轉磨滅的激情，甚至在他年老後，有機會見上女主角一面最後都放棄了，因為他知道他的激情仍然沒有機會完成，從窗戶中他看到女主角仍有伴侶，而他也老了，妻子也死了，一生能珍藏的事，其實也只剩下他那燃燒了幾十年的激情。他做了激情愛人常做的事，他把自己再度鎖進激情的記憶之門，不敢面對現實的人世變化。

激情當然要有個對象，但這個對象並不需要永遠在眼前，也許這個對象曾在現實生活中出現過幾週、幾個月，然後激情「留住」了那個對象，在記憶中，激情是很專制的，它讓對象「死亡」，好不再改變，好讓激情能不再新生。這也是占星學中冥王星常和激情結合在一塊的原因：冥王星的死亡、新生，是激情之火的源頭。

激情是生理的，也是心理的「高潮」，法國人稱呼性的高潮是「小死亡」。莎孚或許帶來生理的高潮，卻帶不來心理的高潮，只有愛蘿斯的激情會讓人們經驗各種的「小死亡」：和戀人靈肉合一後的小死亡、分離的小死亡、相思的小死亡、重聚的小死亡。

在個人本命星圖上，如果金星或火星在天蠍或落入八宮，或冥王星和月亮、金星形成相位，不管和諧或不和諧，這樣的人多半天生具有激情的火藥，只等待引信爆發。即使個人本命星圖沒有這樣的相位，冥王星的行運有時會促使一個原本穩定或溫和的人，突然因狂熱的激情而天旋地轉，尤其當冥王星行運和金星合相、對衝或形成九十度剋相或進入八宮。而不和諧的相位也常常使這些被激情擄獲的人，經歷從未有過的激情的狂喜和痛苦。

命運的奇妙在於，冥王星走得很慢，走完黃道全程要兩百四十八年，因此在個人星圖的每個宮位上平均要十七至二十二年，因此在人一生的光陰中，很多人都經歷不到重要的冥王星行運影響。譬如當事人若在青春期曾經歷冥王星和金星的合相，這個合相的作用力可能投射在他的父母身上，父母中有人也許正經歷冥王星帶來的激情折磨。也有的人投射到他的配偶身上，也有人並不直接和人經驗激情，而把激情轉移到權力、金錢、工作上。這樣的人通常都害怕人，害怕經歷「失控」和「死亡」，對他們而言，權力、金錢、工作比人要安全多了。我也看過一個朋友的星圖，他的冥王星和金星行運合相時，他經驗了六四天安門事件帶來的激情和死亡。

激情帶給人們什麼？失眠的夜、焦灼的心、永遠等待「那一刻」、在每一處地方尋找激情的記憶，對現實的人來說，激情永遠付出太多，得到太少。激情是一個旅程，有方向，卻很少能抵達目的地。但對於經驗過激情之旅的人而言，激情的詛咒中有著甜美的慰藉，至少這種人不會像某些人一樣活在愛的荒原中，很安全但也很無聊。激情也會讓莎孚的純肉體欲望變得索然無味，一次又一次生理發洩的欲望，帶來的只是身體的疲憊和滿足，從來不是靈魂的滿足。

激情是一扇黑暗之門，門的後面是什麼，只有你自己能發現。也許潛伏的恐龍會把你吃了，也許你必須像神話的英雄一樣屠龍才找得到你的夜明珠。你必須自己嘗試、自己行動、自己探索，這趟旅程沒有人能幫你。

AMOR：愛摩的「親愛」

愛摩（Amor）是羅馬的愛神，是神聖化了的愛蘿斯，拉丁人喜歡稱呼愛人Amor，有點像英文的Dear，但比較羅曼蒂克一點。愛摩的愛是無性的，是一種純淨的、神聖的、昇華的愛。有的人對父母、小孩、牧師、狗或大自然有這種愛，一種最接近中文「親愛的」這樣的感覺。

Amor、Dear 或「親愛的」在我們語言中被大量、重複的濫用，早就失去了愛摩在神話中的象徵，不要以為 Amor 來得容易，我們並不像自己以為那麼的「親愛」我們的父母、小孩、狗、貓等等。沒錯，我們可能愛「對方」，但也可能愛的是對方提供的「其他事物」。

Amor 是一種純淨的愛，一定要有靈魂的參與和精神的溝通，以及能毫無保留的欣賞、接納、包容對方靈魂的純淨及美麗才行，所以 Amor 的最高境界通常反映在對大自然、對神的愛上。但這種神之愛和一般世俗宗教中信徒要求神的保護、恩典、賜福等等是不同的，它需要毫無保留的接受神性，即接受宇宙律。

配偶之間若存著 Amor 時，雖然是美好的關係，卻很不世俗化，因為 Amor 自然解除了雙方對性的需要，因為不管是莎孚和愛蘿斯的性，都必須有征服感，體驗欲望的生與死。愛摩是只有生沒有死，只有光亮，沒有黑暗的。愛摩的配偶用現代語彙而言就是 Soul mate 靈魂伴侶，他們的結合常來自輪迴的因果律，他們藉由世俗的伴侶關係，去體會宇宙的親愛及親密，因此這種靈魂伴侶的關係最終一定以雙方靈性的提昇為目的。當人際關係間存有 Amor，不管是父母、兄弟姊妹或朋友，靈性的提昇也都將扮演重要的催化作用。

Amor 是天上之愛，落在人間自然常有其現實的限制，尤其當 Amor 以負面的 Venus 方式表達時，就像我們日常生活中常用的 Amor、Dear、「親愛的」，使這種純淨之愛有時變得「虛情假意」、「造作矯情」或「詞溢於情」。

正面的 Amor 是金星在天秤或金星和月亮、海王星形成和諧的相位；負面的 Amor 則是金星天秤受剋或金星和月亮、海王星形成不和諧的相位。

Amor 是人和人之間可以完成的親愛關係，Sappho 結合了兩個身體，Passion 結合了身體和靈魂，但最終要分離，只有 Amor 帶來的靈魂的親愛是永恆的，也不受時空阻絕。Amor 是永恆之愛，宗教中的涅槃、天堂就是回到 Amor 之中。

不管莎孚的性、愛蘿斯的激情或愛摩的親愛，都是我們可能面對的愛的功課，這些功課都將帶來學習的成長，人性若越能開放自身於各種情感經驗時，就越能體會生命的豐富。了解愛神的象徵，即幫助我們了解愛的豐富。

PART

2

愛的原型

每一張個人的星圖都代表了一個小宇宙，其中蘊藏了無限的可能性。經由人類文明不斷的進化，我們才能逐漸了解大宇宙的神祕和奧祕；只有意識的不斷進化，我們才能接近生命的本源，知道小宇宙的奇妙。

Chapter/7

木星之愛：不曾實現的玫瑰花園

木星愛人也許會在你生日時忘了送玫瑰花，但卻會答應有朝一日送你一座玫瑰花園，你要相信嗎？你可能永遠見不著你的玫瑰園，可是當你相信你的木星愛人時，他將帶你神遊世上最奇妙最美麗的玫瑰花園。

如果你的太陽星座、上昇星座、金星落在人馬座，或金星落在第九宮，或木星與金星成相位，你就是或多或少的木星愛人，除非你的星圖中有過強、過重的土星抑制了木星的發揮。對木星愛人而言，愛情是旅程，是冒險，是無止境的生命追尋，他們是永恆的旅人，每一段愛情都是旅程上的驛站，旅人如果待在某個驛站不走了，那麼他就不再是旅人了，即使有的木星愛人真的待了下來，在某個驛站待了兩年、十年，或三十年，那只是他的身體待在那兒，他的心還是在流浪，他的心永遠在追尋下一個可能的旅程。

太陽星座在人馬的木星愛人是較容易被鎖定下來的旅人，通常他們的愛情冒險只在青少年及前中年才能盡性發揮，他們會是你所知道在大學時期交了最多男朋友或女朋友的那種人。但奇怪的是，即使分手的愛人也不太講他們的壞話，也不太有被欺騙的感覺，因為他們通常是誠實的愛人，給過你真心，但也告訴你一切不可能太長久。如果你要鎖定這樣的人，千萬要等他二十九歲之後，在第一個土星回到本命星圖時，這時有的太陽人馬累了，他們已經旅行得太久了，渴望有一個溫暖的驛站，每天晚上上床有人溫腳，你也許就是他想「穩定下來」的那個人。可是別忘了他還是木星的子民，如果你越不放心他，越想用婚姻、責任、承諾的鎖鍊緊緊綁住他，他會越想掙脫。而當他真的掙脫時，誰也攔不住，如果你發現你的木星愛人開開心心享受旅行、運動及朋友聚會、玩樂時，你大可放心。但當你發現他鬱鬱寡歡、悶悶不樂，什麼都提不起勁時，小心！這個快樂的木星子民如果不快樂了，他一定會要解脫的，人生以快樂為目的是他們的天性。法蘭克辛納屈就是典型太陽人馬的木星愛人。

上昇星座在人馬的木星愛人比太陽人馬更好辨認，他們總是人群中最閃閃發亮、躍躍欲試、靜不下來，隨時興奮、神采飛揚的那個人。他們即使五官平凡，也會讓人覺得好看，他們是天生受歡迎的可人兒。從小學一路到大學，到出社會，他們身邊總有許多喜歡他們的朋友，而這些朋友都不知道這個上昇人馬的木星人卻是個天生的獨行俠

（loner），他雖然不排斥偶爾有人做伴，但在內心卻永遠留有一處廣大的空間只容得下他自己一個人，他視自己為宇宙中一個孤獨的使者。

這樣的人在談戀愛時，當然不是為了任何戀愛的「結果」。他們只是為了搜集資料，就像電視影集《外星人報到》（3rd Rock From the Sun）中的外星人，他們和人交往，是為了了解他人；談戀愛，是為了了解愛情的多樣面貌。他們是身體力行的愛情實驗科學家，只要第一手的經驗。所以你會發現，上昇人馬的木星子民喜歡和交往的愛種類繁多，他們會有老老小小、不同職業、不同愛好、不同聰明才智，甚至不同性別的愛人，但即使他們曾交往過同性愛人，他們也絕不是典型的同性戀者，充其量只是個偶一為之的雙性戀者。

由於上昇人馬的對宮七宮落在雙子座，這個木星子民將比其他木星愛人更容易腳踏兩條船。如果法律允許重婚，他們也將是第一個奉行的人，這個自認為是從宇宙來的外星人從來就不了解，也不願意接受，為什麼地球人要愛得這麼不自由？為什麼人不能同時愛兩個或很多人？

這種熱愛自由的精神，也表現在他們對性的態度上，如果你喜歡有一個狂野的愛人，那麼找上昇人馬的木星愛人準沒錯。和他們做愛，將像是小孩玩迪士尼樂園，或更驚險的魔術山樂園，他們不排斥任何性的多樣冒險，他們富有性行為的實驗精神，但如果你是太敏感的水象星座，你可能會發覺在和他們做愛時，他們似乎正在和宇宙某一處基地傳送訊息。

要將這個以自由為目的的人安定下來，結婚生子過一夫一妻制的生活，不但困難，而且其實有點殘忍。木星子民通常很晚婚，而結了婚之後也常常想悔婚，他們需要特別開放的關係，最好可以來去自由。而一個年輕時代冒險得多了的上昇人馬，通常性愛的冒險已經不再是他們熱衷的領域了，他們需要更大的自由。所以，如果你的木星愛人對哲學、玄學或靈學有興趣，就讓他去探索人生之謎吧！這一回他們帶給你或世人的，將是他們從宇宙某處接收而來的訊息，這個宇宙使者開始向地球人報告了，你會以有這樣的木星愛人為榮的。

和金星人馬的木星愛人談戀愛，就像參加一場嘉年華會。他們喜歡熱鬧、奇觀、戲劇場面、新鮮事物。他們希望自己的愛人能夠和他們一起分享人生的嘉年華會，他們認為生命中充滿驚奇，人只能活一次，何不把握機會，遍嘗從沒吃過的美食，遊覽從沒看過的風景，經驗從未試過的事物，愛上從未愛過的人們。對最後一點你可能不同意，但不能否認，如果你也是個愛玩樂、好新奇、生性開放的人，有個金星人馬的木星愛人是件很過癮的事，他永遠會帶你去剛開幕、最時髦的餐館用餐，去最拉風的舞廳跳舞，送你最拔尖兒的新上市飾品，邀你去少有人知的旅遊點歷險。

但是，人生不是嘉年華會，一週的狂歡過去了，天亮了，當你回到每日例行的單調生活之中，帶著冒險和狂歡的記憶，開始面對真實的人生，你可能要求你的金星人馬愛人要有個穩定的工作，開始存錢，計劃結婚吧！可是他總是猶豫不決，就是不肯承諾什麼，你也許覺得心碎或遇人不淑，尤其當你是個男人時，你會特別奇怪為什麼好多女人急著嫁人，而偏偏你的木星愛人都快三十歲了還一點都不急。

除非你的金星人馬愛人有很強的土象星座才會比較實際，或很強的水象星座才會比較感情用事，否則他是真的一點也不急，除非你能保證在婚後他們能擁有相當的時間和空間的自由。所以不少金星人馬的木星愛人喜歡和飛行員、航海人員等結婚，因為這些伴侶總是必須因公出差，留給他們很多的自由。

金星人馬的木星愛人敢愛人所不敢，像珍芳達當年嫁給有名的美國左派的學運領袖，震驚了保守的好萊塢。他們是信仰愛情自由的人，如果你也是這樣的信徒，你們在一起會創造出一個與眾不同的感情世界，「開放的婚姻」需要像金星人馬這樣的木星愛人的支持和鼓吹。

當金星和木星形成和諧相位時，當事人絕不是小心眼的愛人，基本上他們喜歡比較自由和開放的關係，也因為受和諧相位的影響，他們追求自由和開放的同時，也追求和諧，包括和他人及社會的和諧。因此這樣的木星愛人不是革命分子，他們不喜歡「極端」、「過度」，不會當開放婚姻、單親家庭、分偶婚姻的急先鋒。他們不喜歡引人側目，要的自由是社會體制框框內的隨性，而不是體制框框外的顛覆。

但當金星和木星成不和諧相位，如合相、九十度四分相，和一百八十度對立相時，情形剛好相反，這批木星愛人喜歡過度、極端、顛覆、打破體制、揚棄傳統。然而這些木星愛人是有愛心的革命分子，而不是冷酷的恐怖分子。他們常常出生於還不錯的家庭，童年期擁有大量親人的寵愛，使得他們基本的人格是樂觀、親善的。他們相信世界愛他們，就像家人愛他們一樣，而他們也常常有滿腔的愛願意付出。他們可以愛得很猛、愛得很多，源自於他們的自信和對人類的信心，他們敢顛覆、打破體制、揚棄傳統是因為相信明天的世界會更好，人類應該活得更快樂、更自由、更開放。

這些木星愛人常常很早熟，在十五、六歲時已經懂得了愛的渴望，因為木星的擴大作用強化了金星的感受性，而通常同年齡的朋友很少能接受他們特高的情感頻率，因此他們常常在年輕時愛上了年長許多的人，因為那些人因愛情經驗散發出來的情感強度吸引著他們，但當他們到了相當的年齡時，他們卻會愛上比他們小上許多的人，因為那些人的無經驗正是吸引他們探索的無人荒島。

就像追逐風車的唐吉訶德一樣，他們終其一生追尋某個理想的愛情，即使換過無數的愛人，他們對理想的愛情仍然信心不滅，他們就是相信，在某地、某時，某人具有一切他們渴望之特質，能滿足他們對愛情最大、最深沉的夢想。而那人會送他們一座愛情的玫瑰花園，他們將永遠快樂的生活在那裡。

這些木星愛人很少找到那份理想的愛情，但每一次當他們遇到了某人，愛上了，他們就以為這一次真的中了樂透。他們可以愛得很慷慨，有滿腔的熱情和甜言蜜語，他們會寫給你最熱情的情書和情詩，為你唱最甜美的情歌，你和他都覺得愛情真美妙，就在你們深深陶醉，開始想用世俗的責任套住他時，也是你們夢醒的時候。愛情從天上降落人間化為塵土，這一切消失得多麼快，你的木星愛人可能就此離開了你。典型的這種例子像希臘神話中的天神宙斯，他從未被任何一個女人鎖住，甚至連愛神愛芙蘿黛特也不行，當然最後他被厲害的希拉鎖住了，還逼著他完婚，但他們的婚姻並不能讓宙斯忠實，他們像兩個敵人成婚，而不再是愛人了。

如果你愛上了這樣的木星愛人，就必須有所選擇：選擇要他成為你的愛人，不管多長多短，你一定會有一段美妙的愛情神話；但你必須給他相當的自由，否則你最終可能得到一個敵人。

金星落九宮的木星愛人，是異國之戀的始祖，他們愛的不只是那個外國愛人，他們同時是愛上那個人代表的不同文化、語言、生活習慣、風俗和食物等等。一個異國戀人為他們開了扇窗，讓他們進入一個本來不屬於他們的國家、文化和子民。對這些木星愛人而言，這是比愛情本身更令人興奮的旅程，他們希望自己的愛人和他一起分享這份豐富的文化和愛情交織的旅程。

金星在九宮的人，比其他木星愛人都容易為了一個異國戀人而安定下來，他們常是昏了頭的異國豔遇盲婚者，因為這時婚姻代表的不再是牢籠，而是扇門，只有走進婚姻的這扇門，他們才真正覺得隸屬於另一個文化之中。在婚後，你可能發現，他們比你更對你的本國文化有興趣，他們可能會去學太極、功夫、書法，比你更愛吃中國菜，比你更愛研究中國的風土民情。直到那時，你才真正了解，他結婚的對象並不只是你，而是你的文化。

要讓金星在九宮的人安於一樁異國婚姻的祕訣，在於絕不要帶著你的異國配偶回到你的母國，因為當他真正生活在你的母國文化之中，成千上萬的人跟你有一樣的文化背景，要不就是他的幻想破滅，要不就是他發現你並不特別，而這時他可能會看上「另一個你」。

金星在九宮的木星愛人，如果沒有機會和異國情人談戀愛和結婚（但他們內心總會偷偷想過），他們也常有可能是在異國遇上伴侶。他們愛上的人通常和他們總有些強烈的不同。不是兩個人個性南轅北轍，就是宗教、信仰、家庭背景、生活習慣迥然不同，再不然就是年齡、階級的差距很大。總而言之，只有「不同」才能讓他們心動。如果你剛好金星在九宮，又一直苦於找不到令你心動的情人，試試看離開國內，也許就在某個遙遠的他鄉，你就遇上了你的那顆天上的愛情星星。

金星在九宮的木星愛人是希望愛侶能和他們分享生命奧祕的人。一般層次的人會希望愛人能有共通的運動、旅行、外國語言的興趣，精神層次較高者則希望愛人能和他們一起分享對異國文化、哲學、宗教的興趣。當然最好彼此的專長不同，木星有著開放容人的大量，任何不同的信仰都不會冒犯他們，他們喜歡從不同中學習別人之長。

木星之愛是學習之愛，是成長之愛，是擴展人類心智之愛，是向宇宙豐富的可能性致敬之愛。只是人間是由土星操控的，許多木星之愛都在土星的監控、責難下被貶為一文不值。負面的木星之愛是不負責任的愛、不可靠的愛、沒有結果的愛，像唐吉訶德、唐璜、彼得潘、布蘭頓的愛。但在偉大的土星誓守盟約、養育子女、白頭偕老、共度患難的世間之愛之餘，偶爾有像木星之愛這樣的天上之愛，也許更能讓世人對愛情的想像力飛翔起來。像貝多芬終生追求一份無法完成的愛，像中古世紀的預言家諾斯查馬圖斯的永恆之愛，這些木星子民教導我們，木星之愛雖然就像一座不曾允諾的的玫瑰園，可是玫瑰花園一定存在，只要我們相信，我們可以把玫瑰花園種在我們的心田。

Chapter/8

土星之愛：世間緣份的枷鎖與解放

土星一點都不浪漫，它是占星系統中最實際、穩重，還有點專制的星星，它也是掌管「世間緣份」中最有影響力的星星。

有許多星星都可能讓我們對某個或某些特定的人產生千變萬化的情懷和愛意，但說到和某個人安頓下來，或者結婚、成家、培育下一代等等，卻常常是由土星在擔任關鍵性的作用力。當人們說婚姻是愛情的墳墓，從土星角度來看，其實並非婚姻埋葬了愛情，而是土星關心的根本不是愛情。如果你結婚的對象，在土星之外恰好還有其他很強的星星在引導及催生你們的愛情，那是你們的幸運，否則土星可不管當事人星圖中的愛情元素，你就是「緣定」和某個人結婚，不管那個人是不是你最愛的人。土星也可以培養它自己的感情，一種很堅實很穩固的情感，但那跟一般愛情小說的男歡女愛可大不相同。

土星「決定」人與人之間的緣份，不僅在婚姻配偶中很常見，也常常出現在家庭其他成員之間，譬如父母和子女、兄弟姊妹之間，或和其他親屬之間，如祖父母和孫兒女等等。這應了中國的老話「有緣才做一家人」，但這個緣份可以用來幫助當事人，也可能限制、阻礙當事人的發展。

人與人之間有好的土星相位，譬如一個人的土星與另一個人的太陽、水星、火星、木星等等有三分或六分相的相位，通常土星的那一方會扮演一個支持、指導、提供安全感的角色，這種角色可能由夫婦中任何一方扮演，但若丈夫的父權思想太濃厚，有時也會產生夫婦之間的矛盾。丈夫可能「需要」但不願「面對」太太是他的領航員這樣的關係。此外，當父母的土星在「照顧」子女的其他星星時，這種關係也很符合土星的權威性格；但如果是兒女的土星要去照顧父母，通常這種關係對兒女的成長就造成了相當的阻礙，這樣的兒女通常在年輕時得不到父母的指導及支持，他們必須自己學習快點長大，以擁有土星「老年式的智慧」來幫助、支持、指導他們的父母。

好的土星作用力能教導人們了解情感的「責任」，不管是愛情、親情或友情，一個經常在感情大海中迷失的人，往往在碰到他的土星愛人後，都會有進入了避風港的感覺。像電影《鋼琴師》（Shine）中那位迷失的音樂家，在遇到他的占星學家愛人時所感受到的一樣。而那位占星學家在電影中說了一句關鍵性的話，我想不少觀眾可能聽不懂那句話的意思，她說：「相信土星的力量吧！」好的土星作用力能補足一個人缺少的東西，替他們在人生的缺口部分填補上堅實的基礎，讓他們能站立得更穩更牢。

雖然好的土星作用力有助於夫婦的關係，但這份關係也有其不妥之處。尤其當兩個人的關係純粹建立在單方面的土星照顧另一方時，這會使他們在某種意義上太接近「父母對子女」或「師長對學生」的模式。子女或學生總會有長大成熟離開的一天，當兩個人已經完成「在一起的目的」後，還要維持某種一成不變的關係，對雙方都形成了負擔。

婚姻專家常勸夫婦要「互相學習、一起成長」，這也很符合土星正面的特質，如果雙方幸運，命運安排雙方的星圖上相互有土星的作用力，譬如一方的土星幫助一方的水星想得更清楚、更有邏輯，而後者的土星又能幫助前者的海王星讓夢想實踐，這種「天賜良緣」自然有助於雙方的互補，以及互相學習和成長。天賜良緣的機會不多，更何況即使是天賜良緣也需要當事人有很高的智慧，去處理土星可能有的負面特質。土星是有智慧的，但這份智慧通常是世界的智慧，譬如怎麼懂得自律、自制，「吃得苦中苦，方為人上人」、「鐵杵磨成繡花針」、「凡流淚播種的，必歡呼收割」等等道理。

土星太自信、太執著於世間的實事求是，有時就變得太權威、太想什麼都管，像一個自信滿滿、專制的「精明」君主。即使是最好的土星作用力，有時也會讓當事人的關係蒙上一層窒息、壓迫性的陰影，土星丈夫或土星妻子雖然事事都為對方著想，但卻剝奪了對方個體發展的機會。土星父母雖然本意是為了指導小孩走上一條安全穩當的人生之路，卻忽略了每個人的靈性之路是不同的，有的人或許就是需要經歷比別人多的錯誤、失敗及摸索，才能成全更豐富完整的人格。

當土星的負面特質過強，即不和諧的土星相位在兩個人的關係中產生作用力，例如一方的土星與另一方的太陽、月亮、水星、金星等等有著一百八十度或九十度相位，非土星的一方通常會有人格意志或情感需求被踐踏磨滅的感受，像《鋼琴師》中霸氣專橫的父親就是最好的例子，許多獨裁的君主也是用這種方式統治人民。土星的一方總認為自己是對的，是「絕對的真理」，要另一方「絕對的服從」，當夫婦之間有這樣的關係，男方當然成為最傳統父權社會的鞏固者，要妻子三從四德，反之女方則可能是潑辣的河東獅。當父母、子女間有這樣的關係，父母往往會用鋼鐵般的紀律，甚至體罰的嚴厲方式管教子女，若子女的土星過強，父母則可能成為精神或肉體受虐的老人。

土星的壞作用力帶來的是桎梏、壓制、踐踏，當事人的感受可以呈現在人生中不同的層面，例如當土星和另一方的太陽形成剋相時，太陽的一方會覺得自己的個性受到桎梏，譬如活潑大方的妻子長年被先生壓制要顯得文靜害羞，好動的小孩被父母強迫要變得小心翼翼。壞的土星不懂中庸之道，矯枉過正經常造成扭曲的人格。而當土星和另一方的水星形成剋相時，水星一方的心智將明顯受到傷害。妻子或許要求丈夫跟從她信教，而不管先生可能是無神論者；父母要求子女學理工，而不管小孩的性向是文學。

月亮掌控情緒，若土星和另一方的月亮形成剋相時，有時土星會說：「人生本來就是這樣，沒什麼快樂可言，只有責任，不要太浪漫了。」月亮一方的情緒在土星一方純理性的籠罩下經常會覺得鬱鬱寡歡、心情沉重，卻不敢表達出這些感受，因為土星的一方會批評他們自尋煩惱、沒事找事、過度情緒化。

夫婦之間若有金星、火星和土星的剋相時，他們的結合通常都會受制於某些社會性的因素，譬如指腹為婚、八字合婚、豪門或政治聯姻或是前世相欠，今生來還等等。這對男女的結婚中最缺乏的元素，即男女之間自然的、化學作用式的愛戀情欲，因此通常非土星的一方對另一方很難產生「自然」的愛意或性欲，他們的結合往往因強烈的責任感所驅策。日後這種關係的維持也常受制於外在因素，譬如家庭的面子、傳宗接代的需要、經濟的考量、不要傷害小孩的考慮等等。「愛和性」的個人完成，往往被暫時置之腦後，或在婚姻之外另謀發展。

不過土星並不是一顆可以永遠置之腦後，不去想、不去面對的星星，它是屬於世間的，屬於人的意識，不像天王、海王、冥王這些屬於個人無意識或社會集體無意識、離地球很遠的外行星，土星產生的問題人的意識會知道，問題往往清清楚楚的攤在那邊，要逃避它最多只能不說出來、不處理它，卻不可能不意識到它。土星的業力是人這一世的宿命，凡人可以察覺自己的業障，而不像天王、海王、冥王是靈魂宿命，當問題出現時，當事人往往自己先嚇一跳，因為根本不在當事人的「意識」中。

對於天生具有土星式人格的人而言，就像本命圖中許多星星落在摩羯座、十宮，或和摩羯、十宮形成重要相位的人，面對土星的問題也常常用土星的方式去解決，即防堵壓制問題，不讓問題出現而影響了現實人生的「利益」和「安全」。這種方式常常造成很偏執、狹隘的人生，當事人可能成為獨裁軍人、冷漠的科學家、唯利是圖的商人等等。這些人的人格經不起心理分析的探索，他們明知自己活在缺陷的人格面具下，而他們的一生最終將對自己的靈魂造成很大的傷害。從靈學的觀點而言，這一世他們不肯面對及處理的問題，在下一世將會面對更難纏、更痛苦的處境。對付土星較好的辦法是大禹治水之道，即要用疏通的方法，設法將土星桎梏的能量引出一些支流，流到其他的領域，譬如說一個過分重視現實價值的土星式人格，必須有意識的多親近、接納其他價值，譬如藝術、宗教、靈學。不要只相信「世間的智慧」（入世的），還要敞開心胸迎接「天上的智慧」（出世的），冥想、靜坐及所有讓身心放輕鬆的技巧對土星也很有幫助。土星是重的、緊的、頑固的，如果能讓意識學習帶著翅膀迎接靈啟的經驗，是土星進入天堂之門的最好方式。

對於本身不只有強大的土星人格，而有較多的海王星、天王星、冥王星人格而言，處理土星的問題時，遇到的現實困難常常相當棘手，但是從靈魂的角度來說，卻較為容易，因為當事人有時會「自願」面對、製造現實的問題來幫助靈魂學習及解脫。

海王星人格（雙魚座或十二宮較強）面對土星問題時較困惑，無力感也較大。他們常常會覺得自己有錯，無法適應現實人生，太理想主義。他們有時表面上他們會屈服於土星的權威，但內心卻用迴避的方式把自己安全的關在夢境般的私人世界。我認識一對老夫婦，先生有很強的土星人格，太太有很強的海王星人格，而偏偏先生的土星又與太太的月亮、水星、金星形成剋相。這對夫婦雖然結婚四十年，撫育了六個小孩，但彼此除了家庭責任，從未有過任何心靈及感情的交流，太太迴避先生的方式是沉浸在宗教世界，以對基督無私的愛（海王星之愛）來彌補一生活在婚姻荒原中的蒼涼。宗教可以提昇人的靈性，也可能成為靈性的替代品和迷幻藥，這位太太並「不願意」或無能力讓她的靈性之愛流入現實生活，使得她和丈夫都活在無可言喻的孤獨中。如果這位老太太能夠勇於相信自己海王星智慧的價值，不要只是為了責任而和丈夫相處，試著在四十年的朝夕相處後開始愛上對方的靈魂，開始真正了解在負面的、霸道的、冷漠的土星人格面具下，她的丈夫也可能有一顆受傷、壓抑、禁錮的不安靈魂。只有海王星悲憫的愛才可能化解最頑固的土星的冷漠。當然，這不是一條容易達成的救贖之路。

天王星人格對土星問題就較不客氣了，天王星或許會一時忍受土星的壓制，但絕不能長久。當天王星發揮本性中劇變、混亂、動盪、革命的力量時，土星配偶常常會驚訝於另一半「怎麼突然就變了一個人」，竟然會做出那樣的事，像外遇、辭職不上班、把共同的積蓄賠光、離家出走等等。或是土星的父母心痛於自己的小孩受了壞朋友影響，竟然開始頂撞父母、不上教堂、吸毒、濫交等等。天王星人可能以最駭人的方式嚇倒或震垮土星的權威，在天王星的負面影響下，夫婦分手了，小孩離家出走了，生活保障、工作喪失了，留下土星人哀悼人生的無常。而頑固的土星人面對劇變的反應通常是責怪天王星人，他們會變得更加沒安全感、更堅信要緊握現有的一切。於是離婚的太太全力控制自己的小孩，父母更嚴厲的管教子女，佔有欲戰勝一切。等下一次土星的壞作用又回到個人星圖的軌道上，看似「不同」但其實類似的悲劇便再度上演。土星人不肯學習生命需要主動改變，無情的命運將一次又一次的逼迫他們被動的接受劇變。

如果天王星完全不聽土星的勸告，也會替自己帶來不小的災難。離家的小孩或許變成妓女、毒犯，蹺家的配偶發現他們尋找的第二春維持不了多久就結束了，他們只得面對自己製造出來的混亂而束手無策。天王星和土星需要合作，雖然這兩者的合作非常困難，卻仍然得試著去做。天王星是無意識的，因此要讓天王星人了解自己「無意識的衝動」，並不能靠權威的老師、牧師等一般傳統途徑。天王星痛恨權威，因此必須由不具權威性格的心理分析人員（像榮格學派，而非佛洛伊德派）引導天王星人格爆發的出口。

土星人格則聽不進這些「擴展無意識」類的話，他們需要權威的指導，但這些權威必須慎選，不能選擇一些保守、古板的權威人士，這樣反而會強化土星的價值觀。土星需要開明、改革的意見，以軟化他們自定的價值系統，像張老師勸父母「多尊重一點小孩的意見，畢竟他十七歲了，正值青春反抗期」、「不要逼太緊！小孩如果受不了，對他的課業、健康更不好」。婚姻專家指導夫婦「給對方一點空間吧！路才走得更久」、「人總有犯錯的時候，如果他只是一時外遇，再給你們的家庭一次機會」、「你也必須改變想法了，畢竟時代不同了」。時代不同了，目前人類文明已經進入了寶瓶時代，不管願不願意、喜不喜歡，我們這一代的人，從老人到小孩，都必須面對人類所有的建制，從文明、國家、政治制度、經濟制度、科學制度到家庭結構、夫妻關係、人際關係，都將遭受寶瓶座主管的天王星的挑戰及顛覆。這股強大的作用力才剛剛開始，未來將以加速度進行。在這個宇宙進化的過程中，有的舊社會、有的文明將全力發揮天王星的作用力，有的或許會回頭牢牢抓住土星的作用力。如果雙方不肯合作，對人類而言都是災難。

冥王星和土星的關係最神祕，它是靈學上的奧祕學。占星學上描述這兩者的結合是「宇宙兌現的支票」，等於中國人說的「業報不爽」。這張支票是「取款」還是「領款」，是「善報」還是「惡報」，關鍵即在於兩者在個人本命星圖中及與他人星圖產生的相位。

從人際關係的角度來看，兩個人星圖中若有冥王星和土星的相位，不管相位好壞，兩人今世緣份一定很重，而他們前世的關係也一定對這一世影響重大。土星代表世界的責任和枷鎖，冥王星則是宇宙的責任和枷鎖，兩者相結合，誰也逃不掉。兩人的土星和冥王星若呈現剋相，不管雙方是情人、配偶、父母、子女，這種關係往往「相聚就是為了分離」，中國古占星家會說「彼此相剋太重」。通常冥王星一方會主動脫離這個關係，而土星一方會很不甘心，想盡方法阻止冥王星的出走。然而若土星的力量過大，冥王星在個人星圖上的作用太小，冥王星的一方也有可能採取讓自己死亡的方式來脫離枷鎖，留下的土星當然傷痛欲絕，卻不知道自己其實是無意識世界的幫凶。

若土星能較願意讓冥王星離開，或至少減少土星的壓制及桎梏，通常兩人分開後，關係反而會較好，就像俗話說的「分手是為了更好的開始」。我手上有一對夫婦的星圖，太太的冥王星和先生的土星成九十度剋相，先生是一個極端嚴格、有強大控制欲的人，太太雖然也是職業婦女，但對自己賺的錢、家中的用度、小孩的教育方式、日常生活的安排以及如何和自己的父母、朋友交往都毫無作主空間，先生要求她唯命是從。從輪迴的角度來看，其實這個關係是前世關係的延伸，她只是重複了上一世的課題，但當這一世她的冥王星和對方土星成九十度剋相時，命運給了她一個機會，在忍受多年的壓制後，她做出和前世不一樣的選擇——離家出走。又拖了七年，對方才同意離婚，由於女方冥王星是主動者，分手後女方很快的感受到新生的自由，她變成一個有活力的人，開始能享受生命，男方經過七年的拖拉後，也暫時想通了。男方再婚後的婚姻關係彷彿命運重新洗牌，在新的關係中，對方反而成為土星的一方，男的因而體會到前妻的感受。冥王星的破壞中永遠隱藏著新生的機會，即使剋相時表面上關係破裂，但雙方都得到了新的功課和成績。

有時候，宇宙的「惡報」並不那麼容易解決，我手上有另一對的星圖，當事人是母女，母親的冥王星對衝一百八十度女兒的土星，這種關係通常顯現他們的前世曾是敵人。由於這一世女兒的智障，冥王星的母親必須犧牲個人的金錢、時間、能量去照顧女兒，而這個工作往往是終生的，因為這個母親不能遺棄女兒以獲取新生。在這種情況下，冥王星的課題即不能從破壞中獲取新生，而是要從無意識中接納、包容土星帶來的所有桎梏，以得到靈魂的淨化。這是個靈學上極難學習的功課，即「靈魂的不抵抗」。如果冥王星的母親能學會這一點，能真正愛、包容，而不是暗生怨恨、常懷不滿的與她智障女兒相處，她和土星女兒的業報就可在這一世化解，而不會到下一世再作祟。

當兩個人之間有良好的冥王星和土星相位時（如一百二十度和六十度），這兩個人的關係將受到宇宙的祝福，他們之間不僅可在世間形成強有力的結合（夫婦、同志、盟友、至親），彼此更是靈魂伴侶。這種結合通常是超乎個人利益的，常有更高超的宇宙使命，需要這個結合去完成一些對世間有所貢獻、價值的工作，他們的結合往往帶來像科學的、藝術的、宗教的、靈學的進化。人類既然出生了，就帶著宿世緣，而世間有各種緣份，土星在其間扮演各種「凶」或「吉」的力量，但所謂的「吉凶」都只是相對的、象徵的概念。易經的變卦最能闡釋土星的吉凶了：「吉中藏凶，凶中藏吉」。土星是一顆需要人們辛苦學習、下苦工適應的星星，土星的功課永遠不容易，但人活著本來就是一門大功課。這一輩子不學，以後的功課更難。只有了解、認清土星帶來的世間緣份的枷鎖後，人的靈魂才可悟得緣盡的解放和自由。

Chapter/9

天王星之愛：顛覆倫理的愛情

天王星具有打破規律的力量。它可能是調皮的、挑釁的，甚至是革命的。天王星喜歡「改變」、「驚奇」、「顛覆」。天王星最喜歡挑戰的對象就是傳統，這個傳統可能是人際關係的傳統、社會倫理的傳統、文明知識的傳統。天王星喜歡不合常規，反對建制。占星學上天王星的管轄範圍是寶瓶座，十一宮（也被稱為寶瓶宮），以及寶瓶時代。因此一般而言，若一個人本命星圖中上昇或有重要的行星落在寶瓶，或在個人第一、十一、十二宮內有天王星，或者幾個宮位落在寶瓶座，這樣的人在別人眼中要不有點古怪或自命不凡，要不就是相當具有原創性、前衛性或革命性的人。

當天王星和人類的愛戀情欲產生關聯時，它所產生的感情事件就自然的會反映出上述那些古怪的、革命性等等的特質了。這樣的感情有可能是白種女孩愛上了黑人（在種族歧視仍然厲害的年代），少男愛上了年紀可以做他母親的女人，貴族愛上了市場的賣花女，大學教授愛上了在酒店跳舞的女郎……不管是年齡、種族、膚色、性別、知識、財富等等，天王星打破了束縛情感關係的一切社會規範。

天王星製造「不平等」的關係，但這種不平等通常都反映在世人眼中的價值判斷，但在當事人自己的經驗中，這份不平等的關係卻總有一種「平等及公平」的感受，只有當事人自己能體會。譬如愛上黑人的白種女孩並不覺得自己有種族的優越性，是她大力反對的父母覺得；愛上母親年齡的少男並不覺得自己不夠成熟，他只是年齡小，但並不一定比他愛的女人心理不成熟；愛上賣花女的貴族並不覺得自己的階級了不起，他可能是痛恨自己階級的人；愛上跳舞女郎的教授並不覺得知識有什麼了不起，跳舞女郎的生命力或許才是他羨慕的。因此在當事人關係上，所有的不平等都只是社會的「符碼」，他們的關係打破了既定的符碼，而發展出自己的準則。

當然社會的「不平等」仍然對當事人有一定的心理影響，產生的結果卻是不定的，被父母認為應當有優越感的白種女孩，可能對黑種情人低聲下氣；被社會認為是被誘惑的少男，可能是「老少戀」中的誘惑者及主動者；賣花女可能對貴族頤指氣使，跳舞女郎可能當眾取笑大學教授對現實人生的無知。

天王星是不能預測的，一切都有可能，它的事件不只讓社會、當事人的家庭、朋友驚訝，也同時驚嚇到當事人自己。

在個人的本命星圖中，當金星落入寶瓶座或天王星落入第五、第七或第八宮，或金星和天王星形成合相、對相、九十度相位時（甚至一百二十度或六十度的相位也有可能），這種人基本上對感情的看法較不傳統，也就是說，他們比較不會受限於社會「既定的」、「正常化」的規範：像門當戶對、年齡適當、種族相似、知識水準相配等等。他們尋求的是個體的獨特性，不管是自己或伴侶，他們尋求的愛情關係要在個人自由的星球上完成。

但是本命星圖中行星落入的星座及相位必須受到外力牽引才會產生「事件」，因此當天王星行運和本命的金星產生互動關係時，也就是驚天動地的時刻了。通常當事人會藉由一段感情事件的發生，釋放他們內在世界早就具有、但也許並不自覺的心理能量。雖然有時必須面對外界的批評或壓迫，但當事人通常覺得自己是「對的」，而外界是「錯的」；錯的不是他們的愛，而是種族歧視、性別歧視、年齡歧視、家世歧視、金錢歧視、知識歧視。

但當個人本命星圖並不具有金星和天王星的各種關聯，純粹只是天王星的行運而造成外在事件時，當事人的反應通常會是比較困惑的。如果當事人本命星圖具有較自由、開放的特質，譬如太陽、月亮、水星和天王星形成和諧相位，當事人通常在困惑之餘，會開始思考本身價值觀和社會價值觀形成衝突的意義。而通常經由這段「不合乎傳統」的感情洗禮，他們會成長為較開放、較自由的人。

但是，如果個人本命星圖顯示的人格較為古板、保守，當天王星來時，也通常是麻煩、災難發生之時。這些人通常較易於接受社會價值的衡量，覺得自己「陷入」或「糾纏上」的感情事件是邪惡的、不對的。雖然他們無能力脫身（因為任何外行星的力量都是超乎個人理性控制的），但或許會譴責那些他們愛上的人，認為是別人不正當的誘惑；或者在自我譴責、自我厭惡中通常認為社會既定的價值是對的，自己反而是錯的。天王星在這種情況下的作用將只有破壞性，譬如「事件」還是發生了，既定的社會桎梏還是暫時鬆綁了，但由於當事人抗拒天王星的意識，因此他們常感到「身不由己」，只覺得被命運擺弄。但如果他們肯迎向天王星的意識，接納宇宙無常及劇變的能量，思考為什麼他們「被迫」婚姻觸礁、事業不順、感情生變、健康不利等等，反而是把生命危機當成轉機，因為天王星不會去改變一個有活力的局面，只會打擊原本就死氣沉沉、缺乏生命力及新意的人生。

通常因天王星發生的事件非常突兀，難以預測，就像一個人可能突然在完全沒想到的情況下，和一個毫無可能的人墜入情網；或是像革命分子突然衝進巴士底監獄。沒有人能預知、安排、計劃天王星的事件，事情就是發生了。而天王星在個人星圖宮位上停留的時間也不長（五至八年），但真正能產生強大作用力的時間可能短至幾個月到兩年多。因此老一輩的人勸告墜入情網的天王星愛人們說，事情不會長久的，這只是一時愛戀，過些時候你就會淡了，這些話也不是沒有道理，天王星的愛情確實是不穩定，天王星的祕密即在此——它不僅打破外在的規律，也要打破自身的規律。因此我們說，沒有永遠的革命，當然，也沒有永遠的天王星愛情，除非土星在一對天王星愛人星圖中產生了決定性影響。

天王星重視的是對感情價值的轉變，天王星開啟了人類「意識的革命」，通過考驗的人，即進入了人類意識較高的層級，經驗更深及非個人性的愛。通不過考驗的人，也許回到原先的意識領域中，或者失落在意識的荒原上，等待下一次的機會。

因此，當天王星行運和你個人星圖產生重要的相位時，占星學家通常的建議是，暫時不要做太複雜的現實安排，也不要太快承諾對方或希望對方承諾自己，任何天長地久的盟約說說就算了，千萬不要當真。因為除非土星也同時在作用，否則，很快，幾個月到兩年多，當新感情也落入窠臼時，一段驚心動魄的不凡戀情也許就煙消雲散了，如果在這段時間天王星愛人做了太多現實的允諾，甚至結了婚、生了小孩、一起合買了房子等等，當天王星離開時，收拾善後的麻煩實在令人頭疼。

但是，我們也不須逃避天王星，對於勇於改革的人，天王星通常帶來的是創造的人生，天王星除去的都是人世間古板、守舊、墨守成規而沒有創意的價值觀。天王星期待的是正面的轉變，除非你緊緊抓住舊有的系統不放，否則天王星是不會製造混亂的，天王星的靈魂課題是要人們接受「改變」，不管是外在或內在的改變。愛情不永恆，並不等於愛情不存在過，要相信「愛情」，而不是相信「永恆」。

天王星的愛，也可能是大愛或博愛，而非個人之愛。因為個人之愛的本質是建立固定的婚姻、家庭、家族等等關係，是私有制的，極端的天王星之愛是連這樣的建制也無法容忍，最多只能妥協。這也是許多天王星之愛不容易持久，以及不能落實到日常現實的原因。

當天王星和金星形成困難的相位，或當事人的太陽、月亮、水星、金星落入寶瓶又成剋相時，當事人可能有著過度發展的天王星意識，他們只相信自己天王星式的愛，視大愛超越小愛，可以博愛而無法私愛，這樣的人則可能成為「愛人類而不愛個人」的人，他們可能是過分疏離的宗教家、科學家、社會運動家等等，以貢獻人類大家庭為己任，但在私人生活中即可能相當冷漠和無情。

天王星人過分的疏離，常造成與他親近的人的痛苦。「博愛」與「私愛」間的平衡是天王星極大的難題，許多天王星人選擇不婚或開放式婚姻，都是嘗試找出個人的平衡之道。置身事外之人很難說誰是誰非，但越開放的社會越容許人們誠實及自我修正。天王星人出事的特色在於事情常會鬧得出乎意料的大，但這其實是很好的機會。天王星人老是想改變別人、社會、世界，有時他們也應當回頭想想，自己還有哪些地方需要改變。

天王星之愛就是這樣，顛覆了倫理，最終必得顛覆自己，在這種宇宙進化的過程中，個人的傷痛總有時移事往的一天，這是天王星之愛的「殘酷」，也是它的「真理」。

Chapter/10

海王星之愛的迷惑、幻滅和救贖

最驚心動魄的愛情是天王星的，最刻骨銘心的愛情是冥王星的，海王星的愛情卻是最魂牽夢縈的。

中世紀的騎士愛情是海王星式的愛情，騎士視心愛的貴婦為無上的愛神象徵。她溫柔、高貴、純潔，擁有一切美好的特質，騎士並不渴望擁有她，只要能在她窗下吟詩、彈琴，獻上玫瑰以崇拜她，他海王星的愛就得到了滿足。

騎士的愛是有其限制的，好的騎士知道求愛儀式的各種準則，他們懂得要保有「愛情的幻象」，關鍵即在於不能擁有「愛人的實相」，當騎士和貴婦從花前月下走進臥房，甚至再走入禮堂時，也常常是騎士之愛幻滅的時候了。

羅曼蒂克的愛、浪漫派的情詩、音樂、繪畫、電影和浪漫的情人，藝術家都隸屬於海王星的國度。海王星掌管的是人類和夢、幻象、藝術、神祕主義之間的各種關係，海王星的正面特質賦予人類將夢想轉化成偉大的愛、藝術或宗教；負面的特質則帶來謊言、迷幻藥、酒精，讓人們活在逃避、自欺欺人的夢土中。前者帶來了救贖，後者則帶來了幻滅。

當一個人的星圖中具有強大的海王星特質，譬如說太陽、月亮、水星、金星在雙魚座或十二宮時，這類海王星人通常都較一般人更「不現實」或「不實際」，他們的靈魂總有一部分在做夢。他們的夢有可能是偉大的夢，譬如拯救一切受苦受難的人；也有可能是最平凡不過的夢，像渴望中一張彩券解決人生所有的問題。

因為海王星愛做夢，這種人的愛情也常常像一場夢。他們通常愛的不是真正的對方，而是愛著「愛情的幻象」，愛上他們心中的愛情之夢，尤其是個人星圖中海王星和金星形成各種相位時。當海王星和金星成困難相位如合相、對衝或九十度相位時，當事人對愛情常存有不實際的幻想，他們永遠在追尋某個理想的愛人，有時他們把自己心儀的理想特質，投射在一個根本不具有那些特質的對象身上，他們瘋狂愛上了他們的投射，卻不管對方實相的存在，直到有一天他們突然發現對方根本不具有那些特質，他們大失所望，而愛情也幻滅了。他們或許指責對方欺騙了他們，其實真正欺騙他們的是他們的自欺、迷惑和投射心理。

困難的海王星和金星相位有時也會讓當事人一直追求某個根本不存在，或無法實現的愛情關係，當事人或許愛上某個根本不愛他們或無能力回報他們的愛的人，像愛上已婚人士或神父、和尚、監獄囚犯等等。海王星的三角關係通常並不會像冥王星一樣有殺傷力，因為通常被愛上的人並不真的想捲入關係中，他們或許只是想迷惑做夢的海王星人，他們若即若離的態度卻正合乎海王星人的需要，海王星人繼續愛著他的幻象，愛著一份不可能完成的愛，愛著不被現實人生考驗的愛，直到海王星離開了他們的星圖，他們或許才會從夢中清醒。

海王星有時也會讓人們愛上「不該愛」的人，這裡的「不該」，不同於天王星和金星領域帶來的種族、性別、階級、身分差異等社會價值，而是讓我們愛上了失敗者或無能者，像酗酒、吸毒、豪賭、慣性說謊者、各種社會寄生蟲似的愛人。海王星人相信他們的愛人會因為他們的愛而得到救贖，也就是說酒鬼會不再喝酒，吸毒者會戒毒等等。他們「天真」的以為那些需要長期社會、心理、醫療工作輔導的問題，會只因為他們的愛而改變。海王星人其實愛上的是他們自己的救贖之愛，這樣的愛當然很容易幻滅。

海王星並非不可能成為「救贖之愛」，但它的出發點卻得要是非私人之愛。海王星的靈魂課題是「不執著」，我們不能希望從中得到私人的回報，不能希望這份愛可以得到私人的結果。這個課題對於懷抱著無私的愛而從事宗教、慈善工作者也是相當重要的，當人們將自己奉獻給神或貧苦生病的大眾時，都必須了解不能執著於自己的奉獻，不能期待個人的回報，譬如會得到神賜恩寵或眾生感激，否則無私的愛如果不再無私，就只是一樁較高尚的買賣。

當海王星和金星形成良好相位時，正面的海王星特質能幫助當事人將心中對永恆、理想之愛昇華、移轉成藝術的追求。好的藝術家很少視自己的藝術作品是完美的，負責任的藝術家可以不斷的修改藝術作品以求較完美的境界，但這種鍥而不捨的努力如果投射在身邊的愛人身上，肯定會引起災難。因此，若一位藝術家的星圖顯現了困難的海王星和金星相位，那麼不光他自己及他的愛人遭殃，他的藝術作品也面臨浩劫，他很可能因而永遠寫不出、作不出、導不出他最理想的小說、樂曲、電影等等。他永遠活在對自己藝術的幻滅中，有的藝術家甚至逃避再創作藝術的機會，把自己封閉在「創作封鎖」的狀況下，最多只幻想自己的藝術作品有一天會脫繭而出，卻不能面對蝴蝶變形前的毛蟲階段。他們或許成為酒鬼、吸毒者而無法再創作，就像《遠離賭城》中尼可拉斯凱吉飾演的電影編劇。

海王星的愛是羅曼蒂克的愛，性行為對海王星的愛情而言，只是一種靈魂融洽的象徵，而不是像冥王星那麼有血有肉的性活動，也不像天王星那麼追求興奮、新奇、刺激的性花樣。海王星渴望羅曼蒂克的性，有舒服柔軟的床、黯淡的燭光、甜美的音樂、溫柔的觸摸，海王星的愛情並不太能容忍伴侶的缺點，像人體身上開過刀的痕跡、奇怪的痣等等，海王星不想看到這些缺陷，因此最好是關著燈，在黑暗中，他們永遠可以幻想伴侶是完美無缺的——不管是精神或肉體上。奇怪的是，雖然海王星並不特別渴望性，但由於海王星渴望化解人與人之間的「界線」，海王星的愛情比起天王星、冥王星而言，卻最容易在性上面不忠實，也許付諸行動，也許是想像——海王星人如果缺少外力引導，往往可能只是想想而已。一個人若有很重的海王星和金星的相位，常常是天生「說謊的愛人」，海王星的愛喜歡誘惑也抵抗不了他人的誘惑，但每一次透過性和他人靈魂融合，卻常常帶來更深的失望，因為又再度證明完美的愛是無法達成的。

柏拉圖式的愛或暗戀，像電影《威尼斯之死》中，男主角追尋完美青春象徵的美少年的心靈旅程，就是非常海王星式的愛。當事人活在自己愛的幻象中，但從不敢表白或表示這份愛。活在愛的幻象中並不可怕，可怕的是當事人不知道自己活在幻象中，前面我們提過海王星的靈魂課題是不執著，而當海王星執著時，就可能帶來災難。在社會新聞中，偶爾我們會看到這樣的報導：某個人對某位明星、公眾人物或只是日常接觸的平凡人產生了愛的幻想，他們把對方看成完美愛人的化身，不斷的寫信、打電話、送花、送禮、跟蹤等等，甚至有時候這些人會把自己的幻想當真，他們開始相信對方也愛他，並且和他有過一段非比尋常、美妙無比的愛情。這些人的下場當然是悲慘的，他們的暗戀變成狂戀，他們被當成精神不正常，或因為種種騷擾行動最後被抓進警察局。

就像神話中蘿勒萊女妖的歌聲誘惑水手將船駛向危險的礁岩，海王星也永遠蠱惑著人們走向海王星那最溫柔、最神祕的愛情國度。在那裡，愛的靈魂必須解除一切束縛，兩個赤裸的靈魂緊緊的相融成為一個不分彼此的「共靈」，靈魂再度回到了它們原生的生命大海中，這是海王星所能給予愛的最高承諾。曾經驗過海王星之愛的人會了解到，愛的源頭是生命的無意識，靈魂回到了原始的狂喜（trance）和極樂（bliss），這種經驗或許像迷幻藥的化學作用，或像宗教的顯靈經驗。這樣的體驗是稍縱即逝的，執著於這樣的經驗將使人失去現實感，這也是為什麼人們常形容失戀的人「失魂落魄」。

海王星的愛也可能是一種回到母親子宮內的衝動，子宮內的胎胞被生命無意識的羊水包圍著，沒有自我的意識，完完全全和母體結合。這樣的愛常常讓人在意識上放棄自我，精神退化到胎兒時期，把愛人當成母親，全面的認同愛人的意識。這樣的愛是非常危險的，認同子宮的愛帶來的不是人格的成長，而是人格的退化。

海王星的選擇需要很大的智慧，要清明，要不執著、不虛妄，要了解一切「如夢幻泡影，如電亦如露」。但不嘗試去了解海王星的愛也是很可惜的，畢竟最真實、無私的愛也有可能在海王星的夢幻泡影之中，別忘了，海王星也帶來人類的救贖。偉大的藝術、偉大的宗教都因海王星的啟示而誕生。人類的歷史中，有一些藝術的、宗教的個人「放下」了個人式的、小我的海王星之愛，而追求群體的、大我的海王星之愛，他們替人們開啟了更寬廣開闊的情愛經驗。但這種「放下」個人情愛者，必先經驗深沉的個人情愛，一個無能了解或無能包容個人情愛，只妄想拒絕、剷除人間情愛的修行，終將是沙上築塔。他們追求的大我的海王星之愛終將無法實現，因為海王星之愛是沒有界線的，是同理心，是「一切有為法」，也是「一切無為法」，這才是「大愛」的真諦。

Chapter/11

冥王星之愛：激情與死亡的協奏曲

《英倫情人》這部電影中有典型的三角戀情悲劇，如果占星家要替片子中的妻子、丈夫和情人繪製一張想像的占星圖，冥王星一定在其中扮演重要的角色。

金星掌管人間的愛戀情欲，當冥王星在個人的本命圖上和金星成相位時，通常當事人較容易成為三角戀情中的出牆桃花。但是有這樣的相位，並不一定表示當事人每一段感情都會變成三角糾紛，情況之所以發生，又跟宇宙神祕的行運有關──通常發生於冥王星的行運和本命的冥王星和金星的相位產生關聯，譬如說行運冥王星和本命冥王星，或金星形成合相、對相、一百二十度或六十度等相位的時候。

三角戀情「受害者」的本命圖中冥王星和金星常常是對相，這是一種宇宙的投射作用，透過「他者」（伴侶）的外遇，當事人必須經歷到冥王星摧毀人間情愛所帶來的傷痛。但是，受害者的反應並不相同，有人默默忍受、獨自哭泣追悼一段感情的死亡（冥王星的象徵：死亡），有人卻不甘受害，當他們覺得憤怒，往往會變成「加害者」。像《英倫情人》中的丈夫墜機自毀毀人，像社會新聞中，戴綠帽的丈夫殺掉有姦情的妻子，或被背叛的妻子對情人潑硫酸，或設計丈夫、小孩和她一起服毒同歸於盡。這些現象的發生就不單單來自冥王星和金星的糾結，還必須加上冥王星和火星的關聯。

當受害者的個人本命星圖上有冥王星和火星的相位時，尤其是呈合相、對相、九十度等緊張相位時，這種情況較易發生，關鍵即在於當事人本命星圖中冥王星和火星的強弱。如果是弱相或陷位火星落在雙魚或天秤等能量柔和的星座，當事人也許心裡想過些自毀毀人的場面，但在現實上卻不曾採取行動，這些人雖然避開了現實的悲劇，但他們仍然經歷到心理的悲劇。

至於個人本命星圖上冥王星和金星成九十度相位的人，他們就像《英倫情人》中的情人一樣，這種人常常成為別人關係中的第三者，尤其在他們年輕和未婚時。冥王星代表了宇宙的集體意識，這種人受著比他們自身理性更強大的外力牽引，對他們而言，感情經驗總帶有一些悲劇的質素，因而必須體會冥王星所象徵強烈的「占有欲」（因在現實上第三者無法占有對方）、「背叛」（妻子背叛丈夫的同時，也必須背叛情人）、嫉妒與情感的死亡（很多第三者最後放棄了，或被迫放棄不可能的感情等等）。我們甚至可以說，正是因為對於悲劇的渴望，使得這些第三者陷進一份「不被允許」、「不可能有結果」的戀情中。如果這份戀情出乎他意料的有了結果，譬如說他的愛人離開了配偶，想跟他天長地久，這種現實的「好結果」，卻不一定是第三者想要的，因為他原本魂牽夢縈的悲劇戀情變成了平凡單調的現實生活，這時這位第三者可能又再度進入另一個三角戀情中。

一個人若本命星圖中具有金星和冥王星九十度，當冥王星行運又和他的本命金星合相時，產生的關係常常更複雜。當事人不僅有外遇，而且他外遇的對象很可能也是個有配偶的人，這種情況就會形成更難解的四角糾紛，當事人要面對情感糾紛，就如同冥王星一樣神祕難測，他們可能要經歷嫉妒、罪惡感、占有欲、掙脫占有欲、背叛及被背叛種種情感考驗。

當本命星圖中金星和冥王星形成較良好的一百二十度或六十度相位時，上述極端的三角或四角戀情就比較不會發生，宇宙的祕密即在於：良好的相位通常讓當事人較能把自己複雜的情感原動力，轉移到較有創造性或建設性的出口上，譬如藝術創作，而減弱了情感的原力中野蠻原始的摧毀力量。因此本命圖擁有良好的金星和冥王星相位的人常成為有創造力的藝術家，他們能處理人類情感中的深沉關係，卻不必讓自己或別人成為受害者。

雖然宿命是不能討價還價的，但對待宿命的態度卻可以自主。宿命並不等於現實，現實是當事人對宿命採取的態度及反應。如果一個人本命具有冥王星和金星的剋相，是否當事人就一定要經歷各種痛苦、折磨，以償還他對宇宙欠下的業呢？並不盡然。冥王星這顆星是非常神祕的，它不僅具有摧毀的、死亡的破壞力量，也同時具有幫助意識轉化、新生的建設力量。因此，當事人如果個人靈魂的演化程度較低，而平常又沒有能力也不肯自我修行以增加自我意識的覺悟能力，這樣的人就較容易受控於冥王星中低層次的破壞力量，因而成為殘酷命運的傀儡，演出社會新聞中無窮盡的悲劇。

如果當事人靈魂的演化程度高，又肯面對冥王星帶來的各種意識的考驗，這樣的人就有可能成為人類情感意識的煉金師，他們把人類情感中最原始的各種本能相互融合，提煉出精神的純金。這樣的人可能是偉大的藝術家、心理學家或占星學家，他們走過情感的死蔭幽谷，像但丁走過地獄一樣，帶回了情感的神曲。

宇宙的課程是凡人很難理解的，占星學是一門客觀的人類科學，占星只能說明什麼事會發生或為什麼會發生或不會發生。占星是不管善惡的，了解占星學，同時也逼迫我們學習「不作善惡判斷」的靈魂課程。我們每個人都同時是神人也是凡人，凡人的我們需要對錯判斷，接受妥當與不妥當、有害或無害等種種世間道德的區分，但世間道德是會轉變的，不同的時空，不同的地點，道德標準也隨之不同。在中國舊社會中，三角戀情的「姦夫淫婦」要被處死，今日中東極端伊斯蘭教徒仍然執行這樣的事，這時社會扮演了冥王星集體意識的發言人，用「死亡」來摧毀它看不順眼的事情。

我們都知道昨日的道德、今日的道德，但沒有人能真的知道明日的道德會如何，以及我們下一代將面對什麼樣的道德考驗。占星是不處理道德問題的，它只揭露真相，它寬容一切人類的意識和行為，就像偉大的宗教應當如此一樣。我們必須處理自己的道德選擇課題。

因此如果你個人本命星圖上具有冥王星和金星的剋相時，不要認為自己是惡的，我們也不應指責這樣的人是「邪惡」的，但這並不代表你不用做「對」與「錯」的選擇，這個選擇可以根據個人良知、社會法律、文化制約等等而決定。所有的選擇都必須付出不同的代價，當你選擇「實踐」你的三角戀情，你可能面對社會的攻擊及個人地位的毀滅，但當你有能力或盡力逃避一段三角戀情時，你也可能喪失了經驗一段刻骨銘心的深沉之愛的機會，你必須做選擇及接受選擇帶來的結果。

但是，選擇不是盲目的跟隨本能行動，那不叫自我選擇，那是命運選擇了我們。冥王星教給我們最重要的課題就是轉化自我意識，讓自己的意識可以提昇至宇宙的集體意識的境界，在那裡，個人能夠更開闊的面對這一世靈魂的目的，並了解真愛和本能的愛是不同的。

冥王星可能教我們最野蠻的肉欲之愛，也可能教我們最激情的真愛，要和冥王星的意識結合，個人必須努力，靜坐、靈修、深層心理學或占星學都可以提供一定的幫助。但你的靈魂必須願意和冥王星結合，那時，冥王星帶來的愛將是靈魂之愛，深刻、複雜、幽渺的情境是所有天下有情人的「失樂園」。

Chapter／12

聖杯和曼陀羅性愛密法

每一張個人的星圖都代表了一個小宇宙，其中蘊藏了無限的可能性，就像廣闊的大宇宙一樣，經由人類文明不斷的進化，我們才能逐漸了解一部分大宇宙的神祕和奧祕。對待我們自身的小宇宙也一樣，只有意識的不斷進化，我們才能接近生命的本源，知道造化的奇妙。了解生命本源的過程就像中世紀的聖杯神話，出發去尋找聖杯的武士，最多只進入了古堡，看到了聖杯，但是神話後來不曾交代武士帶回了聖杯與否，武士只帶回來了關於「尋找聖杯」的故事，讓世人分享「聖杯存在」的經驗。我們不曾擁有聖杯的實體，我們只擁有關於尋找聖杯、發現聖杯的旅程。

尋找聖杯、發現聖杯的旅程，也可用來解釋一個人終極的愛與性的追尋。這個追尋可能只在生命某個階段發生，有的人整個生命過程都以這個追尋為主，也有的人或許花上好幾世的工夫都不曾踏上追尋聖杯之路，而有的人或許剛好這一世就能進入古堡，發現聖杯。每個人的生命之旅都是獨特無比的，奧祕就在個人星圖中，但如果不踏上追尋聖杯之旅，星圖中大部分的祕密都無從讓世人了解，因為星圖就像神話的古堡一樣，只有進入古堡的人才能開始探索聖杯的祕密。

聖杯的祕密是什麼？西方基督教認為是盛滿耶穌鮮血的杯子，可洗滌眾人的罪。而世人終極的追尋，是否最終就是發現「自己有罪」才降臨人世？這種「原罪說」也使得西方的性、愛追尋本質上，籠罩著各種罪惡感，神聖的愛只屬於神，世間的愛除非為神服務，否則是不配進入天堂的。

這個道理也有部分真實的意義，畢竟世間的愛受限於一張經常百病叢生的個人星圖，人類的性愛之旅常常是從錯誤中發現什麼可能是對的。我們都是迷失的旅人，大部分的人甚至都放棄了尋找聖杯。

但是，也有可能聖杯神話一開始就說錯了故事，或是我們聽故事的人一開始就解讀了錯誤的訊息，基督教的二元文明分別了光亮與黑暗、上帝與魔鬼、天堂與人間，神聖之愛與世俗之愛、「那裡」和「這裡」……所以我們都以為聖杯在古堡裡，在「那裡」，因此武士要離開家園、十字軍要上東方、基督教徒要向別人傳教，永遠都是「那裡」比「這裡」重要。

我一直是個追尋聖杯的旅人，直到有一天，我突然領悟了聖杯不在我以為的古堡中，聖杯其實是在我內心的古堡中，直到那一刻，我才了解佛陀的曼陀羅（註）其實等於我一直在尋找的聖杯。

我們的個人星圖就是我們自己的曼陀羅，所有的業報與救贖都在其中，曼陀羅的中心就是欲望。我們因欲望而降臨人世，我們因欲望而生存，因欲望而結緣，因欲望而造業，因欲望而生生不滅。曼陀羅因欲望而存在，要了解曼陀羅，必須先了解欲望。不了解欲望即揚棄欲望的修行者，根本離開了自身的曼陀羅，不知他們要如何修行？佛陀在菩提樹下的大覺悟只是一個象徵，這樣的覺悟可以在生命曼陀羅中不斷發生。

生命曼陀羅中有無數的考驗，金錢、權力、名望、性愛等等都是世人常知的考題。雖然靈魂都知道自己考得如何，但我們卻還是常常在作弊，騙騙自我及世人。向世人宣稱「得道」的修行者中也常常有最了不起的作弊高手，我們或許不知道，但他們的靈魂知道。

性愛曼陀羅密法的重點跟所有的密法一樣，也跟聖杯之旅一樣，是發現及分享，不是獲得及擁有。因此任何的密法如果教你怎麼賺得全世界，包括金錢、名望、權方、愛人等，你就知道它可能會讓你賠上自己的生命，讓自己的生命曼陀羅成為一片荒涼，靈魂在其間枯寂。性愛曼陀羅密法告訴我們怎麼去發現完美的性愛及分享完美的性愛，這個發現永遠是個旅程，只有開始，沒有終點，但我們要如何開始？我們可以試試從個人的星圖來看。

根據星象神祕學理論，行星的象徵符是以三種基本元素構成，即「十」代表宇宙間的物質能量，「○」代表精神能量，「）」代表介乎精神和物質之間的魂。因此太陽⊙代表一個人顯性的精神能量，月亮☽代表隱性（潛意識）的精神能量。水星☿是代表物質基礎和魂之間的精神能量（以精神導向為主，因此掌握思考溝通），而♂火星卻是精神基礎之上的物質能量（活動），♀金星則是物質基礎上的精神能量，金星開拓的情感，不僅需要結合物質能量、精神能量，更需以靈魂為主導。木星♃代表向上昇的靈魂提昇物質能量，土星♄卻是下降的靈魂受限於物質能量，天王星♅是兩個靈魂象徵包圍了火星中的物質和精神能量，海王星♆即靈魂和物質能量的交纏（由於缺乏○精神能量，因此使得海王星的靈魂不易被了解）。冥王星♇既是靈魂隔開了物質能量和精神能量（死亡），也是靈魂、物質、精神能量的整合（即新生）。

修煉性愛曼陀羅密法的人，首先要先懂得自己星圖中這些行星是如何運作的。只有經過真正的自我了解才能自愛，也就是真正能愛自己的人才能愛人，與他人結合。但自愛是有條件的，我們每一個星星都兼有正面及負面的能量，任何負面的能量都會帶來對自己的傷害，而自我的傷害才會導致對他人的傷害。因此，任何星圖中不和諧的部分，都必須修煉。修煉的法門很多，心理分析、冥想、靜坐、宗教、哲學都可能帶來或多或少的影響。但不管那一種法門，最基本的修煉之道還是自我覺醒及覺悟。

但人生從來不是完美的，我們不可能等到自己有了完美的曼陀羅才和別人有所接觸，我們需要從和他人的關係中了解自身的曼陀羅星圖。但完美的曼陀羅關係是無私的，彼此只是不同形式的能量的交換，而不能以占有或利用對方的能量去滿足自己。

因此完全的性愛曼陀羅中，沒有人是他人的性工具，即使是不需世俗承諾的性仍有著最高層次的靈魂的承諾，沒有人可以欺騙他人，利用性來交換愛、金錢、權力、安全感等等。雙方性愛的接觸是為了發現及分享宇宙最終的生命能量，這些能量只是流過彼此的身體，在剎那的星圖參與彼此的星圖完全的開放，我們可以用曼陀羅圖形來代表完美性愛曼陀羅力量的源起及變遷。

從宇宙最初毀滅與創造的冥王星開始，探索自己內在最深處的性本能，然後進入海王星的混沌，也進入自我內在小宇宙中受海王星影響而對性全面開放的接觸，如同大海包容潮汐一般。接受天王星帶來的改變，一個人必須改變自己才能真正接納別人，讓任何身體進入另一個身體都是自我認同的改變。接著是土星附著的力量，讓我們附著在一個固定的對象之上，了解自身及他人肉體的限制與尊重這個限制。接著熱情、樂觀的木星帶領我們探索自己及他人肉體的可能性，進入性的旅程。在火星爆發的動力之下，完成了性的高潮。而金星的愛和溫柔帶著火星繼續燃燒。水星的力量帶給兩人不只是肉體絕對的溝通，也是心靈的契合。接受月亮引導下，兩人的情感回到了保護和孕育萬物的子宮狀態。而兩人的自我意識在太陽的引導下，達成了人與人之間最終的和諧。

這樣完美的性愛曼陀羅，需要一個人先有健康平衡的身與心，這可是經由各種奧祕修法修煉，然後等待另一個完美曼陀羅的出現。在今日的現實生活中，這樣的企求當然是困難無比的，但只要不放棄希望，越多的人懷著夢想，夢想就越容易完成，修煉性愛曼陀羅曾是一些奧祕宗教到達涅槃之境的法門，這一切都屬於有緣人。

註　「曼陀羅」源自梵文，指的是圓形之物。古老的印度教和佛教視曼陀羅為宇宙的象徵圖案，以一個不斷循環的圓圈代表宇宙的持續變化。冥想曼陀羅最終目的是要打破所有生、死、輪迴等制約的心物世界。

PART

3

愛的異形

從星圖上來看，有的人比較重視愛情，有的人比較重視性欲，有的人性、愛的天秤較和諧，有的人則像個蹺蹺板一高一低，或上上下下很不穩。

Chapter/13

金星愛神與火星性神的戰爭

前幾年美國出了一本談愛、性衝突的大眾心理書籍《男人來自火星，女人來自金星》（Men Are from Mars, Women Are from Venus），這本書用較為以偏概全的占星理論，以金星代表女人，重視愛情，火星代表男人，重視性欲，來說明男女結合時的永恆衝突。

這本書暢銷一時，因為符合很多人對男女兩性的膚淺看法，有的女人喜歡強調自己重視愛情，因此大力維護一夫一妻制。其實女生若肯誠實一點，就必須承認一夫一妻制的目的，是在兩性不平等的父權社會體制中較能帶給女性若干保護的制度。但保護並不等於愛情，愛情要付出，保護是獲得。有時女性要保護的對象不僅僅是自身，還包括了他們的子女，一夫一妻制也較能保證父親擔負起養孩子的責任，這時母親的愛是衝著子女，而不見得是對她的丈夫。

當女性處於較不平等的兩性社會時，愛情對女性常常是很奢侈的事，這也是為什麼不少女性喜歡看羅曼史小說或電影來滿足補償她們的渴望。想想中國傳統社會的歷史，付諸行動追求愛情而不是心中默想的女性有多少，而其中又有多少人為了愛情或欲望付出慘痛的代價。

男性的性衝動因為有明顯的生理特徵而比女性外顯，男性也有自然賦予的征服性生殖本能，他們的天文數字般的精子必須衝鋒陷陣去找到一顆卵子，而他們不必孕育胚胎，也給了他們更大的自由去追求欲望和愛情。男人為了想和一個女人上床而娶她，是為了欲望，對一個女的容顏一見傾心而娶她，難道不是愛情？而在過去舊社會中，多少女人是為了和男人上床，或看上男人的樣子，或喜歡他的聲音，覺得跟他在一起很興奮而跟對方結婚呢？但這些差異主要都是社會造成的，我們的「社會自我」讓我們在取捨愛與性、保護與冒險時有它的理性運作，但在現實行動上表現出來的取捨，未必能反映真正內在自我的需求。從占星學的角度而言，每個男性、女性對愛和性的取捨及運作，都有一套獨特的方式呈現在個人星圖上。

從星圖上來看，有的人比較重視愛情，有的人比較重視性欲，有的人性、愛的天秤較和諧，有的人則像個蹺蹺板一高一低，或上上下下很不穩。在古代社會中，一個女人若天生重視性，偏偏嫁了個不能滿足她的人，除了三貞九烈（社會壓抑），否則就成了潘金蓮。或者一個女人很重視愛情，偏偏被許配給一個不懂風情又不討人喜歡的魯男子，又該怎麼辦？這個女人還是必須當生殖工具，只有將愛的饑渴深埋內心。

每一個時代、每一個社會都有它自己獨特的共業，社會集體價值系統、文明準則有意識及無意識的控制及影響生在其中的人。一般而言，在越傳統保守的社會中，越傳統保守的人通常會好過一些。這也就是中國人說的「時也、命也」，或「天地人」和不和。今日我們身處的社會，舊有的價值系統崩潰了不少，新的系統也還在改變，在一切不確定的年代，至少對女人比從前公平了一些，現在有的男人受的苦也不見得比女人少了。現在的女人敢外遇、敢休夫、敢未婚生子、敢做單親媽媽、敢做女同志、敢過無性單身生活，最重要的是，現在越來越多的女人有機會也敢做自己，賺一份薪水養活自己，不必靠男人了。天下變了，再讓我們回頭看男女星圖上愛、性的天秤是如何調整，我們遇到的可能性就更多了，至少較多的內在自我需求有機會反映在社會的行動上。

金星是一種反應我們會受什麼吸引及可能會吸引什麼人、事的狀態，通常代表的是情感的需求，因此金星是類似愛情的一種精神狀態。火星是一種動力，代表什麼樣的人、事會讓一個人發動（turn on）或被發動，這類似性欲的狀態。一般而言，金星是較女性化的力量，較被動，火星是較男性化的的力量，較主動。因此一個女人若女性特質較多，她自然會比較認同金星的陰性元素；但當一個女人的男性特質較多（在現代社會中，男人不得不承認，有些女人比有些男人要陽性），則會認同火星的陽性元素。男人也是依此類推。

當個人星圖上火星較強時，譬如星圖中有重要的行星如太陽、火星落在牡羊或天蠍，不管男女，都是一個行動派的人，性欲也比較強。若一個人金星較強時，譬如說星圖中有重要行星如月亮、金星落在天秤或金牛，則較認同情感，性格也會比較柔和。此外，一個人太陽及上昇星座的陰陽性質也會有所影響，譬如陽性元素強的摩羯、獅子、人馬，性欲的滿足較重要；而陰性元素強的雙魚、巨蟹、處女，情感對他們則較重要。

但這些都是傳統的說法。真正要細察，必須觀察一個人金星落在什麼星座、宮位，以及火星落在什麼星座、宮位，再加上這兩個星跟別的行星形成的相位才能看得較清楚。用星座擺龍門陣是容易的，一點太陽星座即可以說不完。但「說者信口開河」、「聽者最好隨便聽聽」，真正拿來當金科玉律可不行。星座是可以當做科學的，但必須像對待其他科學一樣用心，即使以普及科學的方式推廣大眾，也必須遵從一定的倫理。

當一個人的金星落在水象星座，必然較重視情感；而火星落在土象星座，則較重視性欲。有時火星在火象星座的人看起來很衝動，但他們並不是重視性欲，只是比較衝動。

火星在土象星座的人，看起來很被動，其實他們才是真正為性而性的人。

金星在四宮、七宮、十二宮及五宮（喜歡戀愛）重視情感，火星在一宮、八宮及五宮（喜歡上床）重視欲望，當金星和火星成和諧相位時，通常愛和性的天秤狀態比較和諧，我們會愛上我們有欲望的人，或愛我們的人也對我們有欲望。但當金星和火星成不和諧相位時，或有欲望的人我們不愛，或別人對我們也可能只是有欲望而不愛我們，或愛我們的人對我們沒欲望。真糟糕是不是？宇宙在設計人類方程式時，可真是有著各式各樣的排列組合。

當愛、性在星圖上有衝突時，衝突有大有小，有的可化解，有的則要當事人的命。金星、火星成九十度或一百八十度對衝，如果金星在水象、火星落風象時事情還好辦，靠著思考就可幫助化解，當事人生活也許平靜，也許有感情，但性生活一定不甚滿意，不過當事人也不會太在乎。而當金星在水象、火星落火象時，當事人的衝動則可能惹來不少麻煩，金星一定怪火星，這時若當事人有其他星星幫助控制衝動，金星仍然占上風。但當金星在水象、火星落土象時，如果火星保持被動機緣又不佳，金星表面得勝，火星則內心乾柴乾燒備受煎熬，而且一旦火星遇狀況著火，兩者都要占上風，問題就大了。最極端的狀況就是男人「家中供聖女，出門找妓女」，現代社會有的女人或許去找舞男。

如果火星是土象而金星是風象或火象，通常火星是領頭軍，這種人在交朋友時，什麼是純友誼什麼是性伴侶，分得很清楚。他們除非為了社會因素，否則結婚的對象一定是欲望至上，情感次之。但當婚姻因為種種因素不能滿足他們時，除了金星在天秤的人之外，他們向外發展的比例最高，也較不會有「對不起愛人」的痛苦。

愛、性的衝突一定會造成人格發展的某種欠缺，許多人在補償這種欠缺時，會用很多「社會鼓勵」的方式來「移情」或「移性」。「移情」的人會把感情寄託在藝術創作或欣賞上面，從事宗教研究或勤做禮拜，或養小動物、從事慈善活動、做孤兒認養人或收養小孩等等。這些「高尚行為」確實解決了不少情感欠缺的問題，比較不昇華的人，則可能以時裝、化妝品、珠寶、跑車等等來補償金星。「移性」的人會把性欲發洩在政治、商業、軍事、運動等等競爭與挑戰上面，一個權力欲高漲或利益薰心的人可能正是最性壓抑的人。而比較不能循這種「社會正道」發洩的人，可能發洩在打架、酗酒、暴飲暴食、賭博，因而頻出意外。

做為宇宙棋子的我們，在碰到性愛衝動或性愛分離的個人星圖時，除非推翻棋陣不玩了，否則不是糊里糊塗的跟著棋陣走，要不就得學會觀察自己這一盤棋，多研究點棋譜，替自己找出下棋較好的方式。

Chapter/14

土星之性壓抑、冷感與禁制

佛洛伊德認為性能量是人類生存的原動力，阿德勒加上了權力意志，榮格看得更深，認為「心靈能量」才是人類存在的原動力。

從占星學的立場，我是站在榮格這一邊的，雖然佛洛伊德、阿德勒都對，但他們只看到表象。人類確實是因為性而結合（精子、卵子相遇），但造成人類的性結合卻需要心靈的能量，而結合的受精卵也需要心靈的能量才會誕生成嬰兒，今日無性生殖的試管嬰兒，更足以說明不需要男、女的性「活動」，只要心靈能量，人類就能創造出人。

因此，當一個人的性出了問題，不管是性壓抑、冷感或無能，佛洛伊德或許會叫病人躺下來，以自由聯想的方式回憶病人的童年和父母的關係，或從病人的夢中去尋找關鍵性的解夢題，來了解病人的性機制是在哪裡出了紕漏。這樣能治好病人嗎？我很懷疑。即使佛洛伊德自己終其一生都解決不了他自己和性的各種難題，也許病人的情緒、回憶和夢的解釋都對，也許正是某個父親、某個母親的不當方式造成病人的失調，但只要病人還是由自己本身在論述個人的情結、回憶和夢，病人就仍陷在自身架構的「性地圖」中，病人無法客觀的抽離自己去面對的，是那些在自身性地圖上遊走時陷入死胡同或迷失了方向的心靈能量。

占星學提供的正是一架在性地圖上探測心靈能量的偵測器，它是一張帶我們由上空俯瞰自己的性地圖，看看自己是如何在性的迷宮中行走。當我們的性能量受到了阻擾或壓制，在現實生活中，我們或許可說是我們的父親、母親或社會倫理的規範、禁忌造成的。但由於真正的阻擾和制壓力量來自我們內在小宇宙中的行星，只是這些力量藉著外在的角色象徵性的演出，因此我們要達成自我疏通及理解時，必須由內而外，除去父親、母親或其他的惡魔力量並不能解決一切，只有重新調整、定位自己的心靈能量，我們才可能達成性的和諧。

影響性能量的行星力量是從火星和木星、土星、天王星、海王星、冥王星的關係所決定。木星和天王星會使我們熱衷於性的多樣性及多變性，性解放、雜交、同性性交，甚至戀童、戀獸、戀物，都和火星和木星、天王星的交集有關。如果不是因為社會禮教的制約或懲罰，通常這些人的性活動並不會帶給他們痛苦，不管別人贊不贊成，他們自己是「快樂的」。在日趨開放的西化社會中，這些人的性活動空間也比前人要開闊得多，除非是戀童還可能抓起來，否則同性戀、戀物，或戀獸及雜交的傾向，都不再被強而有力的社會機器處罰及管理。

至於冥王星和火星交集則可能帶來性暴力和犯罪，當事人或許會受良心的責難而痛苦，但性的本身卻仍是以追求自我的快樂為主，即使是建立在別人的痛苦之上。由於性暴力的相關問題較複雜，我們將另闢一章討論。

這一章我們要討論的是「痛苦的性」，或是「性的痛苦」，當事人的性能量就如同無法疏通的水管或便秘的大腸，老是引起麻煩及痛苦。造成性能量阻擾、阻塞、制壓的行星力量，主要是土星和火星的交集，由於土星是離地球較近的外行星，如果當事人受過心理分析訓練，比較容易意識到問題出在哪裡，譬如童年、父親、母親、長輩的影響等等。而土星所代表的「世間的限制及折磨」問題，當事人也常可以有意識的在日常生活中感知，不像天王、海王、冥王三星的問題這麼來去無蹤，無從捉摸。

當土星和火星交集時，尤其是合相、九十度或一百八十度對立的不和諧相位，當事人對性的態度通常懷有很深的恐懼及不安，在他們成長的環境中經常得到性是不潔的、有麻煩的、有罪的暗示。這些人也許在孩童期曾因為性的探索而遭到很大的嚇阻，或父母中有一人對性採取十分嚴厲及緊張的態度，不容許小孩對異性有一絲一毫性的興趣。也可能當事人的父母之間關係很冷漠或不愉快，但由於父母之間還是有性活動，當事人學會的人際性關係中即夾雜著拒絕、失敗和不愉快，導致當事人竭力想避免性的介入，以免帶來童年不快的記憶。

當土星和火星合相或土星在牡羊、天蠍或火星在摩羯時，當事人通常會有性壓抑的傾向，在他們的童年，父母中一定有一人特別強調「活動的功利性及正常性」，鼓勵小孩將性的動力導向「正途」，像好好念書之類的，任何輕微的性的興趣及好奇，如偷看裸照、自慰等等，都被嚴格的禁止及監督。這樣長大的當事人，通常會視性是不妥當的，而把性降格為傳宗接代的工作或婚姻的責任等等。他們很難從性活動中得到完全解放的滿足，總是恐懼伴隨不安，羞慚伴隨害怕。因此他們會盡量昇華性的需要，照小時候父母的指責行事，把性的動力轉移到對工作、事業、權力、名利的追求和實踐。

這樣的人自身雖然受到性的壓抑，但由於他們合理化自己的壓抑，因此他們感受到的痛苦輕微，除非土星、火星合相或互剋，當事人才會感受到一股跟隨著性壓抑而來無法發洩的憤怒及挫折，同時他們也較易感受性無能及冷感之苦。即使當他們「不想壓抑」，也很難和別人建立正常的性關係。如果一個對性有正常需求的配偶，嫁給這樣的人，問題就比較大了，由於當事人並不太願意改變他們的模式，所以除非婚姻破裂，否則他們是不會主動想調整自己的。

土星和火星成九十度或一百八十度相位時，當事人感受到的性痛苦則較大，當事人通常有較正常的性欲，渴望自然的滿足，但由於土星所代表的阻礙及折磨來自外在，當事人常有欲望不能滿足或受挫的痛苦。他們有可能會選上一個一直在性上面逃避他們的配偶，也可能當事人過強的控制力（土星、火星九十度）造成配偶視他們的性為攻擊行為而不願意合作，或者因為當事人過度強調冷酷及功利的土星價值（火星、土星一百八十度），造成配偶無法產生溫暖的愛欲。

土星和火星的九十度相位及一百八十度相位，經常造成的是別人對他們冷感而非他們自己冷感，面對這樣的問題時，陽性特質較強的男人或女人採取的應對方式可能就是硬來，不管配偶喜不喜歡，他們都以強迫的方式來滿足他們的火星，但配偶的反應則必然是更土星了，當事人會遇上最冰冷、毫無反應、冷感的肉體，而最終也使他們的火星失去了興趣，更印證了他們童年時代所得到的訊息：性的失望、挫折及苦悶。如果是土星較強或陰性特質較強的男女當事人，則通常不會願意勉強配偶，他們會心甘情願的適應無性的生活，而由於火星和土星的交集，使得土星的嚴肅及責任意識都伴隨著當事人的性活動，這種人是最不可能因性的壓抑、冷感或痛苦而去尋求外界的滿足。通常他們也不輕易主動離開自己的配偶，因土星的束縛強而有力，因此一對土星和火星受剋的夫婦，極可能過著長達幾十年的無性生活，而仍然白頭偕老。

但受剋的火星性能量仍然會尋找出口，像是轉向權力欲的滿足，土星和火星成合相、九十度、一百八十度相位的人，常常是婚姻關係中的強者、霸道者、專制者、發號施令者。他們也會傾向於選擇在經濟、社會或個人意志上較弱的配偶，好讓他們可以加以控制，他們有可能會持續不斷的在關係中貶低對方的經濟、社會條件或減弱他人的個人意志，他們在配偶的無能中得到了代替性的權力滿足，也彌補了自己的無能或報復了配偶對他們的冷感。

如果他們的配偶一直在各種條件上保持無能狀態，他們的婚姻關係將不會因性的困難而瓦解，但當配偶有機會慢慢建立自己的自主性時，性的困難也常常第一個浮現在生活中，這時土星和火星交集的人，會感受到莫大的憤怒及痛苦，因為任何的離棄及拒絕都引發了他們心底最深的恐懼，讓他們看清了自己因童年遭受父母或環境的制壓，以致喪失了性的原動力。而這時也正是土星的惡魔力量最強大的時候，當事人不能再像浮士德一樣和魔鬼談條件，他必須親身面對和除去自己的惡魔。

在西洋神話中，土星有時象徵禁錮在岩洞中的惡龍，牠嘴中的夜明珠則代表英雄要重獲的生命。土星和火星交集的人最大的功課就是如何去屠龍，深入意識的根柢，找出一切的禁忌及鎖鍊的來源，不管是來自父母的、宗教的、社會禮教的戒律，不屠龍是找不回代表性的原動力的夜明珠的。

禁欲是一種心理狀態，也是一種行為狀態，土星和火星交集的性壓抑、冷感及無能帶來的是禁欲的行為狀態，當事人就是不再能和「他人」從事性活動了，但仍可能靠自慰滿足，因此只禁了肉體外向的性欲，而無法禁止內向的肉體欲望。

但當禁欲是一種心理狀態時，主要受到的行星影響是海王星和火星的交集，由於海王星象徵犧牲，當事人有可能為了某份「柏拉圖的愛」或「無法結合的愛」而自願保持獨身，或者因為對「基督的愛」或「宗教的戒律」而止絕性欲。在這種情況下，當事人昇華的火星通常是為了一個模糊的、幻想的、不實際的期望，也不祈求任何現實的回報，他們以犧牲完成海王星的大愛。

有時海王星帶來的禁欲並不是來自自願犧牲，而是在長久的失望及傷痛下選擇的禁欲。海王星和火星的交集，尤其是合相或火星在雙魚座的人，和天王星合相火星一樣，相當有可能雜交。但和天王星的不同在於，海王星的人並不知道自己要什麼，他們甚至不是為性的滿足和興奮，這是天王星的人要的，他們只是想和別人毫無阻礙的融合在一起，像「你泥中有我，我泥中有你」。他們只是透過簡便的性的結合，去達成他們想和他人靈魂合而為一的幻想，這樣的幻想當然是很容易失望的。

天王星的人也許會因為再也找不到更新鮮、更獨特的性活動而放棄性冒險，海王星的人卻因為很深的失望、空虛和混亂而決定停止性的飄流。他們或許嘗試過一夫一妻、同性戀、雙性戀、婚外情等等，最後他們說「我不再相信我的海王星了，它從來不曾帶來我的真愛」，這是海王星和火星交集的另一種形式的禁欲。

海王星的問題要比土星更難治療，因為海王星不著邊際，在我們無意識的心理之海中載浮載沉，很難找到它的位置，更何況要將之定位。土星的敵人或許是被桎梏而無法自由解放的心靈能量，而海王星的敵人卻是太自由、太解放的心靈能量，因而海王星和土星的合作，對兩者都有所幫助。土星需要海王星的糊塗及接納性，海王星需要土星的分辨及選擇。海王星告訴土星性並不可怕、並不髒，接納別人並不代表失去控制；土星告訴海王星，只有找到性的限制才有性的自由，只有找到疆界，才有愛的地點。眼前的愛人即使不是宇宙的一切未知的可能性，但任何一個愛人都是一個自足的宇宙。

Chapter/15

冥王星和火星帶來的性暴力

當報紙上公布了綁架及殺害白冰冰女兒白曉燕的兩名主嫌的出生日期，我立即去查這兩人的星圖，也果然讓我不幸的查到了性暴力犯罪的最重要指標：冥王星與火星的九十度剋相。陳進興（一九五八年一月一日）的本命星圖中冥王星在處女二度，火星在人馬六度，而犯案發生的一九九七年四月中旬，又遇上冥王星行運合相本命火星。

當然，個人星圖中若有冥王星和火星九十度的相位，並不代表一定會犯下像陳進興等人的滔天大罪，陳的星圖上還有天王星與月亮的九十度剋相（天王星在獅子座十度，月亮在金牛座十度），這個相位顯現了陳和母親的關係以及童年成長的環境均不穩定，造成了當事人極度不穩的情緒，容易衝動，又毫無自制力。

這個相位也存在於同夥的林春生（一九五九年九月十四日）的星圖中，林春生的天王星在獅子十八度，對衝了月亮寶瓶二十度，這也顯示了林的情緒控制力極差，再加上當時行運的土星和個人的本命圖中的火星又形成對衝，也促使了內心積壓的恨意以毀滅性的暴力行為出現，而林春生本命星圖中的冥王星和金星合相，這也是一個敢愛敢恨的相位，而恨起來的時候會置人於死地。

當然無辜的白曉燕這一世不曾和這些凶手結下任何深仇大恨，白冰冰說她女兒是祭禮，為這個社會集體的罪而犧牲。同樣的，犯罪的凶手也是被社會集體的罪所挑選的「劊子手」。社會集體的罪，也就是佛學上說的「共業」。宇宙律是以什麼樣的輪迴法則進行，人類並無法真正掌握，有的俗語說「一報還一報」、「現世報」、「父債子還」、「不是不報，只是時候未到」等等，都只是世人試圖揣摩因果報應的法則。白曉燕的日本生父是黑道中人，根據報導，白父當年也曾犯下綁架及脅迫女星拍照等等案件，他是否也曾像一般日本黑道的慣例一樣剁過別人的小指頭呢？但是，是什麼樣的「天道不仁」要使他的罪由不曾謀面的無辜女兒代還呢？而陳進興等人犯下的罪，除了他們自己要償還之外，還有誰要代還呢？又是什麼樣的「業障」使他們犯下這樣的罪呢？

根據一項美國占星家做過的星座與性犯罪調查顯示，監獄中因性暴力犯罪入獄的人中，有冥王星和火星不和諧相位的比例相當高，而這些犯罪的人中又有高達七成的比例曾在少年時期遭受過暴力的侵害。「以暴制暴」只會在人格中種下暴力的火藥，隨時可能再度引爆，當整個台灣處處都充滿了暴力氣息時，我們的小罪都是社會集體的大罪，白曉燕的慘案是整個社會的共犯結構造成的，只要這個社會還有人嫖雛妓、打老婆小孩、國會議堂公然宣揚暴力英雄、街頭政治暴力抗爭等等，我們就不該在每一次社會有慘案發生，就自以為民眾一定是站在「白」的那一邊，而只有凶手是站在「黑」的那一邊。社會的共業，必須由社會共同的意識覺察才可能得到救贖。

心靈改革聽起來是頗有道理的話，但任何有道理的話也可能因過度的政治操作而淪為宣傳口號，當社會喪失了道德英雄，只剩下政治強雄、經濟強雄、媒體強雄時，民眾如何去尋找心靈改革所需要的道德偶像呢？研究星相，基本上是和宗教靈修一樣的路，必須相信「人是可以改變的」、「命運也是可以改變的」，但這個改變的工程浩大，必須經由今生今世，甚至好幾年好幾世意識不斷淨化的過程。人生的奧祕就像有著無數軟體方程式的電腦，程式早已設定，只等待輸入指令。要改變運作，只有靠先了解是哪些方程式在運作，進而修改程式，以及修改輸入的指令，人的業力命運才可能有所改變。

我有個女朋友，長得很美，平常個性也很文靜，卻有著冥王星和火星的九十度相位，她一直深受自己在親密關係中難以控制的暴力傾向所苦，有一次她在發怒中甚至把她男友的手咬下了一塊肉。我建議她做星座和心理分析的雙重治療，她逐漸發現她的憤怒根源來自從小她父親對母親偶發的暴力行為。但由於她母親一直忍受丈夫的偶爾發瘋，再加上平日她父母仍保持著好夫好妻的社會形象，這個女孩一直被要求要尊敬及愛她的父親，使得她童年中烙下的恨意一直不曾有過合理的宣泄，造成日後在兩性關係中，她只要發怒，就會先採取攻擊的方式來保護自己。很奇怪的是，同樣在暴力陰影下長大的小孩，也有可能成為被虐者，而非施虐者。我研究過一個個案，一位宣稱曾被女性性侵犯的男性，有著冥王星處女五度及火星雙魚四度的一百八十度對衝相位，如果我不是相信星座理論上說明這樣的相位常成為性暴力的受害者的話，光看那名男性的六尺之軀是無法相信男人會被強暴。是的，男人也會被強暴，許多在童年或幼年遭受過同性或異性性侵犯的男童，長大後仍然可能會重複著被侵犯的同一模式。

至於冥王星和火星合相，或火星在八宮受剋或火星在天蠍受剋時，成為性暴力的施虐者或被虐者的機會，雖然較九十度四分相及對衝相為小，但也並非不可能，關鍵即在於整個星圖顯示的共同作用。如果星圖顯示過強的侵略性，則還是會成為施虐者。如果星圖顯示出過弱的被動性，當事人就可能成為被虐者。

由於每一個人都是獨特的，因此除了根據個別人格的特性加以輔導外，齊一式的教導對個別的人格不僅無效還可能有害。想想如果我們教導一個人格被動有受虐傾向的幼童，「當別人打你的右臉時，把左臉也給他打」，這會有什麼後果產生？或者我們教導一個有侵略人格的幼童要「愛拚才會贏」，又會發生什麼事？

火星和冥王星的問題，在於無法用外力控制，因此體罰或監獄都產生不了真正的作用，只有移轉及淨化才可以解決火星和冥王星的爆發破壞力。因此一個社會若能提供更多的移轉及淨化的「空間」，社會的性暴力問題也會相對減少。

有著冥王星和火星衝突相位的人，如果給予良好的家庭和學校教育，可以成為極優秀的外科醫生、運動員、雕刻家、軍人。這些人的特質即在於能合理的運用自身的破壞爆發力，以不傷人不傷己的方式去達成一個「傷害某物、某事」的目標。但這種藉著外在活動及職業來移轉個人內在的不安動力，終究是治標而非治本，因此一個好的醫生、運動員、雕刻家等等，也可能百密一疏而犯下重大刑案。

如果一個社會的淨化空間有足夠的力量，必須幫助內心有衝突的冥王星及火星破壞力導向正面和建設性的目標，如果想要真正提昇冥王星和火星衝突的淨化作用，我們需要社會提供什麼樣的「淨化空間」呢？只有從宗教、哲學及藝術去尋找，但是這裡說的宗教是心靈的覺醒，可以是佛、道、禪、基督、阿拉；但不是燒香祝禱，只求保平安、保發財、保升官成功；也不是捐錢蓋廟、造橋修路，或師父作秀、弟子迎福的宗教買賣。

我們社會是否提供了具有心靈覺醒功能的宗教？

淨化空間的哲學是心靈的提昇，是一切哲學的根本，從蘇格拉底到孔子、莊子到斯賓諾莎、康德，試問我們為什麼存在？存在的意義是什麼？人的存在是如何和宇宙達成和諧？這樣的哲學不是用來革命的三民主義哲學或共產主義理論，不是資本主義經濟哲學，不是政治強人嘴上說的心靈改革皮毛。我們社會的哲學是什麼？

淨化空間的藝術是心靈的真善美，是一切藝術的終極，這個美是和宇宙、自然達成終極的理論之後才能完成的。這是創造的本質，是好畫家的動力，不是畫商的哄抬畫價；是好作家的追求，不是市場的導向；是好音樂家的渴望，不是宣傳的魔棒，我們社會還有多少這些真實的藝術家？

當我們社會越墮落，宇宙賦予人性的「惡種籽」就更有機會發芽、茁壯。慈濟勸告白冰冰「犯案的歹徒也是活在地獄的煉獄中，他們一定更痛苦」，這只是象徵的話。所有的宗教都相信靈魂是清明的，是無礙的，靈魂知道自己犯下的罪，但一個墮落的社會卻可能使我們感受不到自己的靈魂，歹徒也可能連他們的靈魂在受苦都不自知。但在哀悼白曉燕的同時，我們仍然應該憐憫這些犯罪的人，因為他們也是我們這個墮落社會選出來的「犯罪祭禮」，藉著他們的罪，我們更看清了這個社會喪失了什麼。

Chapter/16

金錢觀和性愛觀的占星對話

每個民族、每個文化都有其獨特的性愛觀和金錢觀。譬如說，你或許可以向一個中國人打聽「你的房子值多少錢」，但不能問「你和某某上床了沒有」。但對美國人而言，情況則相反。在美國社會公開談性是被允許的，想想大部分的雞尾酒派對笑話在談些什麼就知道了，但社交場合談自己的錢和別人的錢則是很沒禮貌的事。在中國這點也相反。

大部分中國人都承認中國人是個重視錢的民族，其實每個民族都有愛錢的人，只是中國人會公開表現，因此過年會給小孩、長輩「壓歲錢」，婚喪場合給「紅包」、「奠儀」等等，這點猶太人跟中國人也很相像。一般西方人則是很少直接給錢，他們給的是「禮物」。金錢是可以計算出多少的，禮物的價值則難以衡量，貴的禮物未必是你喜歡的呀！中國人在表達各種「感情」時，方式比起西方人要「隱晦」多了，很少情人會公開在街上擁吻，親人、朋友見面也不會擁抱、親頰等等，家人之間則不會在嘴上掛著「我愛你」這句話，朋友、鄰居以至陌生人之間絕不會Darling, sweet heart這樣叫來叫去「肉麻當有趣」。

歸納中國人和西方人的不同，我們可以說中國人習慣於用金錢的交換來「代替」感情的交換，西方人則是「感情歸感情，金錢歸金錢」。但這只是對一般社會層面中集體行為的觀察和統計，當落實到每個人的日常生活中，不管是中國人或西方人，只要是親密的人際關係，配偶、情人、父母、子女、親人等等，很少人是可以「感情歸感情，金錢歸金錢」的。

金錢和性、愛的關係，就像一張複雜的社會蜘蛛網，每個人都和「別人」一起陷身網中，而難以自拔。不同的金錢觀和金錢的使用方式，就跟不同的性愛觀及表現行為一樣千變萬化。人與人之間相處，都逃不掉互相交換這些不同的觀念和行為，許多的衝突和誤解也就從此產生。然而一個人也許會為一點小感冒就去看醫生，但大部分的人在一生中，卻幾乎不會為「很嚴重」、「很偏差」的金錢或性愛觀念和行為去找醫生，我們不肯承認金錢和性愛的「病態心理及行為」，對我們人生造成的破壞，遠大於消化不良、偏頭痛等等身體的毛病。

在占星學的「設計」中（這奠基於古代神祕的占星奧義書，沒有人知道這些規則是「誰」定的），金錢和性愛的關係非常密切。掌管安全感及情感的月亮及金星也管理錢（主要是自己的錢！）和性愛，冥王星管性也管別人的錢，而落在第二宮（也被稱為金牛宮）及第八宮（也被稱為天蠍宮）的月亮、金星、土星，也都影響了一個人對金錢和性愛的心理能量及物質投射。

月亮反映出一個人對金錢及感情的「情緒」而非「態度」，一般而言，月亮在水象的人，對金錢和感情都很感性。他們很容易把金錢和感情混為一談，錢代表感情，感情代表錢，兩者都等同於安全感，而月亮水象的人對安全感的需求又很高，因此他們對情感和金錢的付出都比較小心翼翼，就怕賠了夫人又折兵。尤其月亮雙魚的人最嚴重，他們常過度濫情，因此需要付出的對象眾多，尤其當月亮受剋時，則代表這一世情債、錢債均多。

至於月亮巨蟹的人，則是三個水象星座中最謹慎的，由於月亮入本命巨蟹，因此加強了他們顧家的本性。他們付出的對象常只限於至親，若月亮受剋時，他們會變得很沒安全感，付出的少，但渴求的多。月亮在天蠍的人是三個水象星座中對金錢及感情最「保留」的人，但也是對錢及情最「執著」的人。他們占有欲不像月亮金牛那麼明顯，而是以一種暗地裡觀察、操縱的方式進行，因此和他們有親密關係的人，包括配偶、子女等等，會有被監視的感覺。他們也喜歡用錢及情操縱別人。他們有很深的自卑感，尤其在對自己的性吸引力這一點，即使他們是男的英俊女的美麗，他們還是生怕別人會丟下他們，因此他們更要確切地掌握對方，當月亮受剋時，當事人的疑心病及操縱欲會強到令人發瘋。

若要說到「小氣」，月亮在土象的人是比較天生腦袋裡有算盤的，但還不至於到守財奴的地步，那是土星在金牛及二宮的人。土象星座的實事求是，使月亮土象的人比其他人「理性」，懂得「感情歸感情、金錢歸金錢，但金錢至上」。金錢等於他們的身分，不能也不必用來換愛，別人要對他們付出感情，可以，但別想他們用金錢回饋。他們對感情的付出也比其他人「冷淡」、「小氣」，這倒符合了一般人認為「小氣鬼沒感情」的看法。而在三個土象中，月亮摩羯的問題最嚴重，因為摩羯的土星影響了月亮，因此當月亮摩羯的人為什麼出錢時，絕不是因為感情，而是他們心中一定有什麼主意，他們是盤算後才付出錢的，因此，月亮摩羯的人不是用錢買愛，但會用錢買性。

月亮在處女的人，對金錢的態度是斤斤計較，他們老是心中有一本帳，對感情也是誰欠誰多少；而基本上，他們是寧可自己負人多點兒，也不要別人負他們。雖然他們對金錢、感情小氣，但他們對付出時間、精力卻一點都不小氣，月亮處女是可以好好的「為人服務」的人，尤其在做有酬勞的服務工作時，他們非常盡忠職守。但當月亮處女受剋時，他們會變得很神經質，老是覺得別人在占自己便宜，而且很容易疑心他人，因此和他們有金錢、感情關係的人要特別小心。

月亮金牛的人，是土象中最有財運的人，也比較不那麼小氣，這是因為金星的影響。他們深受美的事物吸引，因此願意花點錢在追求美的事物，同時也較願意和愛人一起分享金錢帶來的享受。他們不喜歡單方面付出，而是希望有來有往。當月亮金牛受剋時，他們的感情都很「物質化」。

月亮在火象的人是大頭型的人，他們就是愛出錢——最好他們有錢可出，尤其是月亮獅子座的人，對人慷慨增強了他們的自信，而他們也通常在感情上很大方，但未必很深刻或很長久，他們對感情和錢的態度都是「有就花，花光了再賺」。當月亮獅子受剋時，他們是會愛面子到當棉被請客的程度，標準的打腫臉充胖子的人，這種人碰上土象的人時，一個浪費，一個小氣，只能說彼此不是冤家不聚頭。

三個火象中最「浪費成性」的是月亮人馬的人，因為人馬木星的樂觀讓他們相信不管怎麼花錢，錢總會再出現的。因此月亮人馬也可能在破產邊緣又遇到救星出現，而他們真的很幸運，總有一個替他們賺錢的父母、配偶、小孩等等，或分到遺產、中了彩券。

至於月亮牡羊的人，花錢時很衝動，想到就花，但由於牡羊座的自我特質，他們多半是花在自己身上，或要別人和他一起花，但說到給別人錢，或表示感情，他們常「心不在焉」，因為牡羊的「自我中心」常常使他們忘了別人。受剋的牡羊則以脾氣火爆、花錢也火爆出了名。

月亮在風象的人最沒有經濟煩惱，他們也不是愛花錢，而是他們不重視「私人的錢」，同時也不太重視「私人的感情」。有的人會覺得月亮風象的人也滿冷淡或小氣的，他們可不會主動搶帳單或噓寒問暖，但如果你開口向月亮寶瓶借錢，只要他們覺得你的理由正當，他可能是第一個借錢給你的人，甚至忘了查查你的信用好不好。但月亮寶瓶由於兼受天王星及土星的雙重作用，因此你除非試過，否則無法知道你的月亮寶瓶朋友是天王星型（衝動型）還是土星型（小氣鬼型）。月亮對寶瓶的感情態度也分這兩種，一種是世界大同博愛篇，兼愛天下重於親疏遠近（天王星型），另一種則是「冷得像塊石頭」（土星型）。當寶瓶受剋時，有的變成愛人類不愛人，有的變成絕緣體人，完全不和他人親近溝通。

月亮雙子的人，金錢和感情態度最不穩定，他們雖然表面上看來對金錢、感情都有一套「分析」（水星的作用）的看法，卻很少執行。水星的變動使他們常常說一套、做一套，他們花錢的速度、感情不忠實的程度不下於月亮人馬的人，只是他們沒有人家幸運，受剋的月亮雙子，常成為金錢和感情的雙重騙子。

月亮天秤的人，如果不受剋，是月亮風象人中最懂得平衡的人。由於受金星的影響，使他們懂得欣賞感情和錢各自的價值，也懂得如何平衡開支收入，但當月亮天秤受剋時，他們也可能變成最收支不平衡的人，通常不斷給錢，卻得不到想要的愛。

我有一對朋友，先生月亮天秤受剋，太太月亮人馬受剋。太太是刷卡族，銀行的戶頭永遠是赤字，雖然先生是年入百萬的高薪上班族，結婚了十幾年，兩人沒有一點積蓄，連房子都是租的，先生由於很「愛」太太（其實是受剋天秤的不敢衝突），從來不敢干預太太的消費。但最悲哀的是，太太受剋的月亮人馬，並不滿意她的生活，她當家庭主婦也當煩了（這就是她到處血拚花錢的原因），而當她的父親去世留給她一筆遺產時，她要求離婚，並決定出國念哲學（又是木星、又是人馬的作用）。

人跟人之間的關係錯綜複雜，誰對誰錯都是如人飲水，冷暖自知，而老天在配置情愛關係和金錢關係時，並沒有一定的譜，每個人的狀況都是獨特的。我接觸過一對夫婦，兩人都是月亮土象，一個是處女，一個是摩羯。他們的「婚姻」用世俗標準來看很「成功」，因為兩個人共同經營的事業蒸蒸日上，性關係也勉強及格。總之，一兩個月總有一次（彷彿水庫洩洪一樣），但月亮處女的太太偏偏金星雙魚，她雖然情緒上同意先生對金錢、事業和性的看法，但她的金星卻讓她覺得生活缺乏愛。她後來和公司的司機發生了外遇（金星雙魚受海王星的影響），在和先生打離婚官司、分配財產時，她更經驗了先生月亮摩羯的冷酷無情。

金星反映出一個人對金錢及性愛的態度及期望。金星在水象的人，基本上重視感情（而非「性」）的價值勝過金錢。金星在雙魚的人，有著一副天生的慈善心腸，他們如果有錢，會希望和全人類分享，而也因為這種過分理想化的態度，他們容易因為愛而在金錢上吃大虧。

金星在巨蟹的人，較有金錢概念，但他們的概念完全受個人的情緒及偏愛左右。金星巨蟹的人可以花十幾萬買古董，卻捨不得花兩萬元買沙發。因為他的概念是，古董可能會替他們賺錢。他們花錢及付出感情的對象並不廣泛，通常集中在自己、配偶及子女身上。

金星在天蠍的人，不管在性愛和金錢關係上都很「祕密」，總有一些不可告人之處。他們會為了感情而付出錢，但總有些不情不願，他們擅長理財，也擅長操縱別人的愛、性和金錢，他們絕不會付錢買性，他們對自己的魅力有信心，也願意付錢買愛。不過別人卻可以花錢買到他們的性，他們會選擇較高尚的買賣方式，如當情人或配偶，而非妓男妓女，但別想買到他們的愛。

金星在土象的人，對金錢、性、愛的態度是一樣的實際，他們是相信「金錢可以買到一切」的人。像金星在摩羯的人，他們自認也實踐只會愛上「有錢而成功的人」，否則他們的性愛興趣就是無法點燃；到最後，他們真的分不清「愛人」和「愛錢」究竟有何不同。

金星在處女的人，對性愛和金錢都有一種「偷偷愛但很不好意思承認」的態度，他們就算是千萬富翁，也不敢開輛賓士讓人家知道他們有錢，而對性愛也是一樣，喜歡「暗戀」勝過「昭告天下」。他們對金錢和性愛都有一種「小錢聰明，大錢糊塗」的傾向，常常為了一點小錢和小事計較，但最後卻全盤皆輸。他們要小心金錢和感情的騙子，因為他們老是自以為「夠小心」了，卻不知山外有山，人外有人。

金星在金牛的人喜歡享受金錢帶來的感官享受勝過「現金」本身，比金星處女的人愛在自己身上花錢。他們比金星處女、摩羯的人有較好的經濟頭腦，通常懂得如何賺錢及投資，是現實的物質主義者，但並不會分不清楚金錢和愛（尤其是感官之愛）。他們通常會努力替自己找個能魚與熊掌兼得的關係，而當他們找不到人時，會轉為追求美麗的衣飾、珠寶、家具等等能提供感官之愛的物質享受。

金星在火象的人，對金錢和性愛的態度都是「馬上想、馬上要、馬上有、馬上花」的及時行樂人生觀。他們才不分金錢和性愛哪個比較重要，對他們而言，只要是他們喜歡的都一樣重要，別人最好也要同意他們的看法，他們不喜歡被干預。

金星在牡羊的人，是三個火象星座中最衝動和「自我中心」的一個。當他們覺得愛和有性衝動時，通常會不顧一切去「征服」對方。他們也喜歡用「錢」征服別人，但他們沒興趣時，他們也絕不會軟心腸（那是水象星座的反應），也不在乎現實考量（那是土象星座的反應）。他們在金錢和性愛上都喜歡做自己的主人。

金星獅子是最喜歡炫耀自己的錢財和愛人的人了。他們希望自己擁有的一切都是「不凡的」、「上流的」、「豪華的」。為了達成這個目標，他們對自己及愛人都很大方，也很容易原諒比他們「低下」的人。但如果他們變得沒錢了，或者狠狠的在感情上受傷，就會變得比失去王位及國土的「貶王」還悲慘。他們並不願接受任何同情，不論是金錢上或情感上。

金星在人馬的人，是大膽的走鋼索藝人。他們不會對金錢或性愛關係有所恐懼，冒險是他們的天賦，他們相信錢永遠用不完，而別人永遠愛他們。但當他們有一天往下掉時，別擔心，總是會有人在地上為他們鋪好安全墊。他們也許摔得很難看，讓他們不得不乖乖待在地上一陣子，但等到稍一復原，他們又去走鋼索了。也因為這樣，穩定的積蓄和情感關係一直不是他們的人生目標，告訴他們人要未雨綢繆是沒用的，他們寧願淋雨或到時借傘，也不想先買把傘準備著，除非你跟他們是一樣的人，否則和他們一起的人生之旅將是保守人士的夢魘。

金星在風象的人，對金錢和性愛的態度都相當主觀和自以為是，金星在天秤的人，因為受天秤的影響，看起來好像比較重物質的享受和情感。但和金星金牛的人不同，他們才不肯花時間、精力去追求，他們是有也好，沒有也行。但由於他們平易近人的隨和氣質，通常很容易吸引別人為他們付出。他們不需要人馬式「絕處逢生」的幸運，而是「天之驕子」式的寵愛。但也因為一切得來太容易，金星天秤的人很容易變得膚淺，無法真正領會金錢和感情的價值。

金星雙子的人和人馬一樣大膽，卻缺乏人馬的「盲目樂觀」，他們不是「相信」自己一定會贏（不管在金錢上或性愛關係上），而是經過算計（水星的雙子影響）認為自己會贏，而有時他們真的贏了，有時卻輸得很慘，而且沒有人來救他們。

金星在寶瓶的人，是最「不實際」的夢想家，他們的夢想以博愛為主，大成時可以在全世界建立鼓吹平等、自由、博愛的人道組織，如紅十字會等等；大敗時卻可能因鼓吹換夫換妻制度或公有家庭生活，而導致婚姻和家庭生活的崩潰，

占星學上第二宮管的是自己的錢，第八宮則是別人的錢，因此一個人的八宮若有受剋的月亮、金星及土星時，也常常意味著這些人在和別人分配金錢時會遭遇很大的困難。月亮或金星在八宮的人，常有可能為錢結婚。他們受他人的金錢所吸引，若本命相位良好，他們的經濟都能從婚姻中受惠，但當相位不好時，他們雖然為錢結婚，但婚後配偶卻可能因變故而破產。

月亮和金星在二宮的人，相當重視自己的錢，他們認為自己的擁有物，像現金、房地產、所有品等等，可以增加自己的吸引力。他們也不排斥用這些事物去吸引別人愛他們，或和他們結婚。但由於他們過分重視物質帶來的安全感（月亮的渴望）和滿足感（金星的渴望），他們的占有欲也相當強，而且不是錢、物品、愛或性。他們表現的方式也比較直接，常常帶給配偶或其他親密關係的人很大的壓力。

我有個遠方親戚，那女孩是金星摩羯，本來就喜歡有錢有勢的人，又位於八宮，但和木星相位相剋，所以她從小就立志要嫁有錢人（她還敢到處說，她可不覺得有什麼不

對）。果然大學畢業後她嫁給了同班的一位世家子弟，過了十五年她覺得「幸福快樂」的生活，到巴黎銀樓買珠寶，穿香奈兒時裝，直到有一天她的世家丈夫宣告破產了。也直到那一天，她才肯承認十五年來她一直過著忍受丈夫有外遇，又根本不愛她，寂寞淒涼的生活。

當土星在八宮及天蠍座的人，不管受不受剋（受剋時問題更嚴重），都一定會讓當事人在金錢和性愛遇上難題。我見過一個繼母和繼子打官司爭遺產的例子，兩個人都土星在八宮，如果其中一個人土星受剋，則表示這個人會失去他「應得」的遺產。土星在八宮時，除了表示會有金錢問題外，性生活也一定有什麼隱疾。當事人通常有情感的障礙，他們害怕和別人有身體的親近。當受剋嚴重時，當事人常有性無能或性冷感的問題。因此，他們壓抑的性欲都轉移到對別人的錢的執著上了。

土星在二宮及金牛座的人，是狄更斯筆下的「小氣財神」，也是「拔一毛以利天下，吾不為也」的人。我認識一個老太太，她常常講起這一生最令她傷心的事，就是有一回生重病想去看醫生，吝嗇的丈夫卻不肯叫計程車，偏要換兩趟公車帶她上醫院，害她幾乎昏倒在路上，她的丈夫就是土星在二宮又受剋。土星在二宮的人是標準的守財奴，他們刻薄自己也刻薄別人，對他們而言花錢是懲罰。這個丈夫總是不斷的積聚，卻想盡辦法花最少錢，像內衣褲破了補了又補、三十年來沒買過新衣，他們通常很自制（身材都不變），出門絕不在餐館吃飯、廚房的紙巾用過了曬乾再用，看別人家昨日的舊報紙以省報費，除非天全黑了，否則不開燈，通常一個晚上全家只開盞燈……這些人如果把存下來的錢都去做善事，他們會成為大聖人——確實演化程度非常高的苦行僧中有一些人的土星在金牛，但大部分土星在金牛的人所有節省的努力，都不是為了什麼崇高的理想或原則，而只是為了數字具體但意義抽象的錢——不能花的錢如何具體？

土星在金牛或二宮的人會變成這樣的性格，常常有其特殊的社會及家庭背景，很多當事人在童年經歷過極度貧窮及困苦的生活，有的人生於赤貧之家，有的人是戰爭難民，有的人則自小被遺棄，全靠自己養活自己。前面提到老太太的小氣丈夫就有一個很不幸的童年，自小父親就遺棄了他和母親，母親又沒有經濟能力，這個小孩有時靠親友間間斷斷的接濟，大部分時候靠做童工養活自己和母親，最後還半工半讀完成學業，考上高考，做上了公務員。

土星在二宮及金牛座的人，從未有過不勞而獲的金錢和感情，什麼都是要辛苦掙來，而這個過程非常辛苦，因此在他們長大稍微富足了一些後，仍然害怕自己擁有的一切會被奪走。他們總是想盡各種極端的方法來扣留金錢及感情，對他們而言，金錢和感情永遠都是不足的，和別人分享就意味著自己會沒有，因此即使是配偶，他們也不准對方花錢，當然他們也扣留著自己的感情。和土星金牛或二宮的人相處是非常困難的事，但那個經由媒妁之言結婚的老太太，即是標準的中國社會「賢慧女子」，重複講述這些令她傷心的老故事是她僅有的反抗。

狄更斯的《小氣財神》中，吝嗇鬼過的是非常不快樂的日子，他們通常連自己都不喜歡自己，也沒人喜歡他們。對他們而言，人生只是個盡義務活著及不斷存錢的悲慘世界，而當他們兩腿一伸，帶不走一毛錢時，他們也不明白這輩子做金錢的奴隸所為何來。

吝嗇鬼是只進不出的，但敗家子卻是只出不進，我看過一個極端的例子。我認識一個中年女子，為了替她一向不負責任、遊手好閒的父親還賭債而嫁給了父親的債主，也生了三個孩子。這其間她還不斷的在接濟家人，娘家都靠她過日子，然後，歷史又重演了，她父親又因欠賭債而跟地下錢莊借錢，最後地下錢莊還跑來威脅她，說要殺她父親。這個只可以說是極端不理性的女人，竟然因此開了先生的支票替父親還錢，最後連她自己家也破產了。

我曾和這個中年女子談過，一般人也許會以為她很「愛」或「尊敬」她父親，但事實剛好相反。她是被他用棒子打大的人，她只是怕他，難道這樣童年的受虐經驗會使她在步入中年後繼續「虐待」自己嗎？

我研究了這個女人的星圖，她的金星雙魚受剋在八宮，代表當初她是被迫為了錢而結婚（雙魚的位置指出了她的犧牲）。她的土星在八宮受剋（她因不當使用丈夫的錢而出了麻煩），而最糟糕的是，她的海王星落在二宮，代表她的金錢觀十分混亂、頭腦不清，並容易受利用，導致她錯誤的處理了她的金錢。破產後，她丈夫沒錢了，她自己當然也沒錢了。

不管是只進不出或只出不進，都同樣是金錢和性愛關係上不平衡的人，他們都缺少了一份真正的自我之愛，他們都沒有「自我價值」，一個是藉著別人的犧牲來肯定自己的價值，一個是以犧牲自己來獲得別人的肯定，讓曾經虐待過她的父親承認她的價值。同時，兩者不是在「折磨別人」或「折磨自己」，他們的「破壞行為」都有更深沉的心理動機，他們都是在報復。守財的丈夫要看到別人（像他的妻子）因他吝嗇而不快樂，來補償他童年時所受的委屈；為父親還債的妻子藉著「散財」的行為來報復當年娶她的丈夫。

人們總是自覺或不自覺的在利用金錢，向父母、配偶、子女等等表達我們的愛意、感激、罪惡感、不滿、失望或憤怒。幾乎每一種情緒都可以用不同的金錢行為來表現出來，金錢是別人操縱我們或我們操縱別人時的祕密武器。雖然誰都知道，金錢不能買到真正的愛，但不少人仍然試著用金錢買愛或買愛的替代品。我們也都知道金錢常會傷害人與人之間的真情，但人們還是不斷的製造金錢的不快、怨恨、糾紛、衝突來傷害我們的愛和愛我們的人。

從獎金、致謝金、聘金、遮羞費、離婚贍養費到戰爭賠償金等等，我們以為能從金錢的交換過程贏得感情或補償受傷害的感情。但我們的靈魂知道，金錢最終仍只是替代品，物質從來不能真正取代精神的價值。施與受本來就是非常難學的人生功課，一般人都認為人性是自私的，因此施比受要難，所以宗教上常常鼓勵世人「施」。佛教說「布施」，基督教說「施比受更有福」，阿拉要回教子民對待陌生人要像自己一樣。然而從占星學上來看，有的人卻「施」得太多，以為滿足別人的要求就是施，或太相信施，以為捐錢蓋廟或賑災就等於愛。或只會施不會受，只肯幫助別人卻不肯接受別人幫助的人，即有嚴重的自大及自卑的混合情結，深刻的佛學通常會教人「慈悲喜捨」及「智慧布施」，只是一般佛教子民難以進入其奧義之中。

只受不施或不肯施，或只肯「交換條件」的人，通常對生命本質悲觀。他們不知道「生命的本質是喜悅的」，他們相信「人活著是受苦的」，只有物質的積聚和滿足，才可以帶給他們一點慰藉。他們是基督教說「賺得了世界，卻失去了自己」的人，是佛教所說深受「貪瞋癡慢疑」五毒之害的生靈。不管他們受得再多、積得再多，物質世界的「成住壞空」永遠在靈魂的彼岸等著他們，當他們到達生之彼岸，才能了解什麼是兩手空空。

極端的「施者」是「追求不可能的愛」的人，他們希望藉著給予，而讓別人愛他們，他們其實最缺乏的是自我之愛。他們只能愛別人而無法愛自己，而通常這種人最後也得不到別人的愛，因為不愛自己的人最終是無法「可愛的」。而極端的「受者」是「扣留所有的愛」的人，他們也是極端缺乏愛的人，這使得他們甚至不願相信愛。他們自我憎恨，因此也憎恨別人，我們大部分的人都不在這兩極的狀態，然而我們每天還是都必須面對愛和金錢的交換和抉擇，在施與受之間，尋求平衡的幸福與愛。

PART 4 家庭之愛

家庭是人類社會結構中最基層的單位，我們在家庭中體驗及學習各種人際關係，家庭生活包容了我們最脆弱的嬰兒時代、最無知的少年時代以及最徬徨的青年時代，我們命運的藍圖在家庭生活中打下了草稿。

Chapter／17 四宮的家庭神話

「我的家庭真可愛，整潔美滿又安康，姊妹兄弟很和氣、父母都慈祥……可愛的家庭啊！我不能離開你……」

這是一首耳熟能詳的童歌，訴說著對美滿家庭的渴望。家庭是人類社會結構中最基層的單位，大部分的人在青少年或成年之前，家庭都在生活中占有最重要的地位。我們在家庭中體驗及學習各種人際關係，以及金錢、愛、衝突、合作等等的道德和價值，我們的人格在家庭生活中形塑，我們的未來在家庭生活中種苗、發苞、開花。家庭生活包容了我們最脆弱的嬰兒時代、最無知的少年時代以及最徬徨的青年時代，我們命運的藍圖在家庭生活中打下了草稿。

從占星學而言，由第四宮主管的家庭，意義不單指有形的家庭單位，還代表了一個人的內在的家（inner home）。它是一個人內心中最深處的「基地」，一個讓靈魂安歇、休養、獲得安全感與補充能量的地方。另外第四宮也代表實質家庭中所提供物質和精神支持的角色，這個角色可以是母親、父親或任何長輩，和第四宮相對的第十宮，則代表一個人外在的家、社會的家，像社會環境、職業、地位等等，代表人們從「外在」獲得安全感、支持與保護的地方。第四宮和第十宮永遠是息息相關的，具有互相彌補、互相衝突的力量。只有內在的家和外在的家達到平衡的人，才能擁有真正成熟的人格，也才能在人生中找到真正的安全感，在社會大家庭和個人小家庭之間尋覓到「自我之家」。

第四宮是由月亮及巨蟹座主管的，因此當月亮落入第四宮，當事人的情感和家的糾葛必定強烈。如果月亮落入的星座及相位和諧（如月亮在天蠍、雙魚、巨蟹、金牛、處女，又不和其他行星相剋），當事人的家庭經驗通常是美好的，就像剛剛提到的那首兒歌一樣，這樣的人由於在家庭中得到了穩定的情感及安全感，他們透過內在之家表現出來的情緒及人格也較穩定，日後在成人世界中較能扮演好撫育他人的「父母角色」，但不見得一定要撫育自己的小孩，也可能是表現在社會工作上或任何需要照顧別人的工作上。月亮在雙魚、巨蟹、天蠍的人在「照顧」、「撫育」他人時也會付出深厚的情感，他們適合從事需要高度愛心的工作（如孤兒院義工、神職人員、社工人員等等）；若月亮在處女、金牛的人則喜歡以實際的幫助去撫育、照顧他人，像醫生、護士。如果月亮在處女、金牛，同時又落入第四宮，這樣的人如果從事醫護工作，將會對病人有莫大的好處。

但當月亮受剋（和其他行星呈九十度的四分相或一百八十度對立相）落在雙魚又落在第四宮的現象則和海王星落在第四宮的情況相似，當事人對家庭有很高的期望，但也常常有很深的失望，他們常終其一生在尋找一個理想的家，以安頓他們飄蕩不定的內在的家。這個追尋常是無止境的幻想，也是無止境的失落。通常這樣的組合也代表當事人的母親（月亮在雙魚），或當事人家庭中主要擔任情感撫育的角色（通常是母親，但有的狀況下卻由父親或他人在扮演這個角色）具有很強的海王星特質，這個人本身反映出對理想的家的追求及失望，而這個情緒也傳承給了下一代。

至於月亮在天蠍受剋又落入四宮則和冥王星落入四宮的情況相似，通常當事人可能在家庭生活中，曾經因為重要的人死亡或消失不見，使家庭生活經歷了經濟的變故或極大的分離。不管是什麼樣大大小小的打擊，都必然對當事人的心理銘刻下重要的影響。當事人對家的情感通常愛恨交織，又想擁有又不想擁有（是 all or nothing 的模式）；又想對他人付出又不能付出；又愛自己的親人，又怕受到傷害……這種強烈的兩難心理，也可能透過父母或家中重要的另一人表達出來而傳承給當事人。

當月亮在巨蟹受剋又落入四宮時，當事人有著過度發展及失去平衡的月亮，以致於對家有種過度的依賴性，視家為人生唯一的避風港，不敢真正面對外在世界。這樣的人常常會遲遲不肯結婚，或即使已和伴侶有了「自己的家庭」後，卻仍然以「童年的家」為安全感的來源，他們的老家是不容許他人批評的神聖之地。這樣的態度常常也反映了家中某個成員對家的態度，也許是過度保護的母親或父親，永遠希望小孩待在家中，因為「外面的世界不好」，更不鼓勵小孩成長及獨立，以致造成小孩「內在的家」的窒息及壓抑，而無法成為一個可以成熟、照顧他人與付出真愛的人格。

若受剋的月亮落入四宮又在金牛，或者金星受剋落入四宮，當事人對家庭的情感及執著就等同於對物質的需要及滿足，當事人常常視家庭就是一個可以好好吃、好好喝、好好睡、有錢拿，是一個無止境提供物質滿足的地方。因為他們追求的理想家庭常常以物質安全感至上，當家人不能在物質上滿足他們，或他們不能在物質上滿足家人時，他們就會感受到情感的受挫，這種可能是從他們的母親、父親或某個家中重要成員身上學來的態度，造成他們過分重視家庭的物質安全感，以致無法擁有真摯的家庭生活。

當第四宮月亮在處女受剋，或受剋的水星落入第四宮時，當事人是一個把「服務」當成最主要家庭功能的人。他們可能會像一個盡忠職守的「好母親」，或是像一個挑剔好批評的「不滿母親」，成天洗衣燒飯、清潔屋子，叫小孩按時吃維他命、服藥等等，卻無法「用心」關心小孩情緒，或和小孩有情感交流。心靈及肉體的「撫育」角色變成了職業化的管家或護士，在這種環境長大的人會養成了把家庭看成個人的職守及責任，而喪失了活潑自然的生命力和愛。

當月亮在摩羯落入第四宮，或土星在第四宮，不管受不受剋，當事人的家庭經驗通常是最不幸的，如果受剋則情形更嚴重。當事人的家常常是既缺乏物質又缺乏精神的支持，從很小的時候，當事人就必須經驗孤兒般的命運，無法從身邊的成人得到足夠的照顧及撫育。當事人體會到的家是冷酷、痛苦、缺乏愛也缺乏安全感的。當事人的父母可能極端的自私、冷酷及嚴厲，以致小孩的「內在的家」完全被摧毀，讓他們對人與人之間的溫情及愛不抱任何幻想。

在這樣環境長大的人，有的會變成社會上推崇的「堅強的傢伙」，有著很高的自制力、不感情用事、不需要別人提供安全感，可以自給自足。他們有時成為相當「成功」的生意人、政客或軍人，但只有和他們親近的人才了解這樣的人是如何的「非人性」和「自我利益」至上。這是一個心理遺傳的惡性循環，由於他們得不到溫暖及愛，他們日後也無法付出溫暖及愛，做這樣的人的親人將會面對非常困難的家庭功課。

月亮落在雙子又落在四宮和水星落在四宮的情形相似，若不受剋時，當事人的家庭溝通關係是相當不錯的，家人之間可以在心智上互通往來，家庭成員也常常一起從事知性的活動。當事人如果是個作家（如法國文學家普魯斯特的水星就落在四宮），家庭將是他們非常重要的寫作主題。當事人也適合在職場生涯規劃上選擇和家庭有關的各種知性工作。但如果第四宮有月亮落在雙子受剋或水星受剋時，當事人家中成員之間會有因為溝通不良而造成情感摩擦的現象，家人之間可能以批評、挑剔來代替關心及愛，就像有的父母永遠以批評小孩來表達他們對家庭的責任感，最終造成了小孩心智及心靈發展的扭曲。

月亮在天秤落入四宮跟金星落入四宮的情況相似，如不受剋是相當好的相位，當事人的家庭成員間能互相自然的表達情意，彼此關係也很和諧，但如果四宮中有月亮受剋落入寶瓶或有金星受剋時，當事人會有為了家庭和諧而忍耐一切的傾向。他們不懂得為自己爭取應有的個人權益，容易變成不幸家庭關係中的受害者，而他們常常默默受害，也不願面對問題的真相及挑戰別人。這樣的位置常常反映出當事人的父母之間，有一個人是「受氣包」型的配偶，總是告訴小孩「忍忍就過去了」，小孩承繼了這樣的心理態度，總以為人與人之間不爭吵即代表和諧，以致他們退化成為別人不當情緒的垃圾筒，最終也會毀了他們對美及和諧的夢想。

當第四宮中有月亮在寶瓶或天王星落入時，當事人的家庭成員及環境，必然會有某些「異樣」之處，也許是從小居無定所，老是搬家、換學校；也許是父母上夜班，晚上總不在家；也許是母代父職或父代母職等等。總而言之，當事人對家庭的經驗常不符合一般社會常規，因此當事人未來對家庭的期望也常常不在乎傳統，譬如可以組成家庭而不婚，或夫婦離婚仍能同住一個屋簷下，或單親家庭、同性配偶，或收養許多非血緣子女等等。這種不傳統的家庭觀也沒什麼不好，只要當事人能意識到這種選擇是自覺的，而非不得已的即可。

但當第四宮中有月亮在寶瓶受剋或有天王星受剋時，童年時期的不穩定家庭關係常常伴隨著一些災難性的後果，譬如家中成員常常會找不到房子住，父母上夜班的晚上發生過不好的事，或者老是對代理父職或母職的父母不滿意等等。小孩的「內在的家」就像老是被暴風雨吹襲一樣，很不安全、很不穩定，這樣長大的小孩內在的基地也相當不穩。尤其父母其中一人具有十分古怪的受剋寶瓶或天王星人格，更會使得小孩無法發展出「較正常」的情緒，以致無法與外在世界正常的關聯及來往，日後和別人組成家庭時，他們也可能會重蹈覆轍，像他們父母的其中一人成為家中的異端分子，而造成家庭關係困難。

若第四宮有月亮在牡羊或火星落入第四宮，不管受不受剋，家庭關係是不會平靜安詳的。不受剋的狀況較好，當事人的家雖然不安靜，家中成員老愛爭論及拌嘴，但活動也不少，常常很熱鬧的忙著裝修房子、宴客、辦派對等等。但如果受剋的話，家人間的爭論就有可能變成更嚴重的吵架、打架等衝突，家庭成員的關係也時好時壞。當事人可能有個脾氣火爆的父親或母親，動不動就生氣，還可能體罰小孩，小孩「內在的家」經常處在動盪不安的情緒風暴之中，造成小孩日後成人也常常感到內在有一股無法控制的憤怒，隨時要爆發而出；而每次爆發，都造成一些人際關係的斷裂及不安。

當第四宮月亮落入獅子或太陽落入四宮時，當事人的家庭認同常常等於他們的自我認同。若相位良好時，當事人常常出身於好門第，普魯斯特的太陽即如此。他們也以家庭為榮，他們的家不僅帶給他們安全感，更帶給他們一種歸屬感，而他們對他人的照顧不是母親式的撫育，而是像帝王君臨天下的寵幸。他們通常從家中得到很多的愛，本身也有很多的愛要付出。但當月亮獅子或太陽在第四宮受剋時，當事人對家的「驕傲」卻常常是無理可循的。他們可能會為一個酒鬼父親、賭鬼母親而驕傲，不准他人批評，他們可能會盡一切能力保護做壞事的家庭成員而罔顧社會正義，而他們的父母中也有一人可能極端的驕傲、自滿、自大，永遠要別人聽他的，不容一絲絲的反對，當事人在這種獨裁式的環境下長大，他們內在的世界也常常藏有一個驕傲自滿的巨人，造成他們無法和他人平等相處。

當月亮人馬或木星落入第四宮時，如不受剋，當事人通常享有一個幸運的童年，不管是精神或物質的需要都能得到滿足，家中的環境充滿了快樂、自由及樂觀的氣息，通常父母的教育水準都不錯，也鼓勵小孩在高水準的環境下成長。但當月亮人馬或木星在四宮受剋時，當事人的「幸運」也常常是他們的「不幸」。當事人的精神、物質需要不僅僅是被滿足，而常常是「過度滿足」，當事人的父母過分溺愛、放任的態度，養成小孩的內在世界出現一個貪得無厭的彼得潘，永遠不想長大成人負起責任感，永遠想保持孩童時期有人溺愛的狀態。這種渴求太多的態度，將造成他們和別人的關係及事業上的困難。

但有的人的本命第四宮並無任何行星落入，則需觀察第四宮的起頭宮位落在什麼星座，再根據此星座的特質去了解第四宮的現象。如果第四宮起於巨蟹座，則參考月亮巨蟹及月亮落第四宮，若第四宮起於摩羯座，則觀察月亮摩羯及土星落第四宮，依此類推。

但即使個人的本命圖沒有重要的第四宮星位時，在行運中仍會經驗各種行星的移位，這時正是當事人去了解內在的家及喚起家庭回憶的重要時刻。

沒有人可以理性的「挑選」他們的家庭，但同時我們每一個人在輪迴時卻「挑選」了我們的家庭而誕生。「家庭功課」常常是每一個人這一生最難的功課，即使我們不自己組成家庭，我們仍有「誕生的家庭」要面對。很多人對不幸的家庭採取逃避的方式，有的人對家庭問題採取自我犧牲的承擔，但很少人真正了解他們的家庭究竟在他們的人格形成中扮演哪些關鍵性的影響，蘇格拉底說「認識你自己」，其實他還應加個註解，「要認識你自己必須先認識你的家庭」。每一個人的家庭中都藏有許多神話，訴說著各種尊貴、憐憫、可恥、不幸、真愛、犧牲的故事，這些神話可以幫助我們了解家庭的真相，也常常蒙蔽了某些真相。「神話」是由誰在說？為什麼而說？說了什麼？都是每一個家庭成員應該自問自答的題目，只有藉著星座的指引，找出家庭的神話，我們才能建構更真實的自我圖像。

Chapter/18

太陽父親的榮耀和魔咒

在占星學中，太陽象徵一個人自我、意志、人格、能力、父性的功能與外在的權威，是除了上昇星座代表的相貌輪廓和氣質外最容易被他人辨識的個人屬性，當我們說「某某是牡羊座或××座」時，指的是我們辨認出那人具有某種「自我」、「意志」、「人格」……等等，太陽屬性的發展較月亮為遲，一個人的內在原我（由月亮代表）從胎兒在母親的子宮內即開始塑造，直到兩歲達到顛峰之後，持續的和母親互動發展。但太陽的外在自我則要從兩歲之後才開始逐步發展，嬰兒從兩歲多開始有了明顯的自我意識，開始分辨及界定自我與他人的分野，父親所代表的外在權威世界也開始有了明顯的意義，嬰兒和母親的臍帶關係至此進入第二次象徵性的斷裂（第一次是誕生時實質的斷裂），而開始真正和父親產生互動，父親的影響也慢慢融入嬰兒人格的中心。

在占星學上談到太陽代表的父親（父性功能）或母親（母性功能），基本上只代表象徵性的角色，通常但並不一定指的是個人生活中實際經驗的父親或母親實體。占星是根據一般性的統計而來，在傳統的社會結構中，母親通常是哺乳、拿著奶瓶二十四小時照顧嬰兒的人，而父親是偶爾出現逗小孩、發號施令的傢伙。因此，如果個人實質生活中是父親握奶瓶、二十四小時照顧嬰兒，嬰兒則會將母性功能的認同及需要轉移到一個父性的角色身上（就像科學實驗中認同雞的小鴨子），如果父母親都疏於親自照顧嬰兒，那麼，取代母親的「surrogate mother」（養母、奶媽、繼母……）就成了嬰兒和母性功能認同間最主要的媒介，嬰兒的月亮特質除了受親生母親的影響外，也受「替代母親」的影響。同理，若一個小孩很小喪父，他的父親認同必然遭受斷裂，如果日後有繼父出現，則必須重新調整他和父親認同間的新關係，這時他的太陽也一定會顯示某種特殊的性質。

星圖上土星和太陽的相位，在父親和孩子的關係中一直扮演著相當困難的力量，土星帶來的是失落、憂鬱、限制、壓抑，即使是土星最好的正面特質，也必須先經歷艱困、阻礙的逆境以鍛鍊勇氣、毅力和耐心。

即使是土星和太陽的一百二十度或六十度的和諧相位，通常也代表當事人和父親關係中存有某種「困難」，只是這個困難並不嚴重到對當事人造成致命的打擊。通常當事人經驗的環境，無論在精神或物質的需求上，絕不會是太舒服愜意的（這和木星正好相反），不管家中實際環境是否一定貧窮，當事人都會感受到某種程度的「匱乏」，土星父親可能是一個相當節省、克己又不輕易表達感情的人，小孩很難從父親那兒得到物質或精神上的溫暖和慷慨。或是這個土星父親可能是在事業或社會身分有一定地位的人，小孩從小就被教育著要尊敬父親並學習父親代表的價值，而這個父親也確實十分專注於灌輸小孩各種他相信的生命價值，即土星的價值。像是要重視榮譽、地位、身分、自尊、堅忍、節約、刻苦等等。通常在和諧相位下成長的小孩，對這套價值也深信不疑，長大後也努力扮演父親替他們規劃好的人生角色，有時經由這些價值的追尋與實現，他們獲得了一定的成功，而通常他們會向世人肯定父親的功勞。但只有在生命某個脆弱的時刻（譬如事業、健康、婚姻生活的打擊等等），偶爾他們才會浮現一種「土星式的憂鬱」，他們不知道童年喪失了什麼，只得到了等同於權威的父愛，但那是愛嗎？權威等於愛嗎？

當土星和太陽形成不和諧相位時，情況就困難多了，我曾經看過幾個例子，都是土星和太陽的合相，有的是很早喪父，有一個是父親是中學校長，全家住在學校宿舍，父親很忙，幾乎只有吃晚飯時才出現一下，之後又去學校了；還有一個是父親是軍人，經常留營看守。這些例子，都有個共通現象，即父親不是實質不見了，就是經常消失，不常在家固定扮演父親的角色。

童年喪父的孩子，如果由一個意志堅強、堅忍刻苦的寡母扮演父親權威的角色，通常在日後會得到很大的成就。他們心底由於父親死亡帶來的傷害和欠缺，使得他們很早就接受生命是殘酷的這個事實，在人生的起跑點上，他們已經失去了大部分人擁有的資源（父親），因此他們有堅強的心願要向世界討回公道，如果加上母親為了補償自己喪夫的傷痛，而把人生的希望寄託在孩子身上，小孩更覺得需要向母親證明，他們可以沒父親而照樣成為「權威人士」。這樣的孩子通常自願接受母親嚴格的管教、敦促。他們努力讀書、做好工作、力爭上游，而努力的人總是會得到報酬的。但問題將發生在成功之後，他們這才發現無法享受成功的果實，他們不能也不敢放鬆，他們仍活在「恐懼」之中，生怕命運像帶走父親一樣的奪回了他們的成功。他們不再只是為了成功而努力，現在是為了恐懼而努力，而這種無法放鬆的工作狂態度，常常使這些人賠上了健康、婚姻或和下一代的關係。有時，他們還會重蹈家庭的宿命，他們因為太忙了、太成功了，以致無暇照顧小孩或和小孩相處。他也和他父親一樣成為「消失的父親」了。

當然土星和太陽的合相並不一定會呈現父親死亡或父親消失的現象（通常是很硬的

相位，加上行運等其他因素），如果父親存在，這個父親角色通常會以兩種形象出現，一是正面（但仍是威脅性）的形象，這種父親具有土星的優秀功能，例如堅忍、剛強、刻苦等等，他們也會因這些特質而成功，因此他們相信只有發揮土星的力量才可能成功。他們不屑那些因木星助蔭而成功的人，認為他們不勞而獲。因此，小孩不管多小，都要接受各種磨練，以便為未來在人生舞台一展身手做準備。所以他們常常極端嚴格，以軍事化的管理方式管教小孩，要求小孩絕對服從，以養成鋼鐵般的意志和紀律，像我認識的兩個朋友的例子，不管是做中學校長或做軍人的父親，只要他們出現，小孩馬上就變得乖乖的，因為在他們父親心中，管教自己小孩的責任比管學生、帶兵還要嚴肅、重要多了。

我的兩個朋友告訴我，他們等於是沒有童年的，因為土星父親要求他們從小就做「小大人」，不可頑皮、不能偷懶、不要撒嬌、不許胡鬧、不該幻想、不准……他們活在「不、不、不」的世界裡，但由於父親是他們生活依賴的泉源（父親是家中經濟的提供者），再加上父親具有一定的社會權威，使他們年幼時根本不敢反抗父親。他們對父親的愛已經轉為畏懼了，而這個心理模式也將一直持續到他們年長，在往後的情感關係中，他們總是不敢愛他們真正愛的人，因為愛永遠帶來畏懼。

另一種土星父親的形象是較負面的。通常這個父親顯示了土星的缺點：陰鬱、病苦、悲傷，但仍然是冷漠而刻苦的。這個父親通常是人生的失敗者，但他們並非不曾努力，他們像其他土星人一樣，也很辛苦的努力過，只是命運不濟或其他種種因素而無法成功——有時是因為他們的個性太不討人喜歡了。他們恨命運，也恨那些因命運而成功的木星人，他們自己的一生是完了，可是他們還有下一代。這樣的父親，經常化自己的憂鬱和痛苦為力量，更加努力鞭策他的下一代，他們是標準的「望子成龍」或「望女成鳳」的父母，希望藉著子女的成功來補償他們失敗的人生。子女是他們意志的延伸，是他們的副產品，而這些子女有的也確實能不負所望。

然而不是所有土星父親的子女都能不負父望，出人頭地。對那些天生星圖上特別軟弱、敏感、情緒化的子女而言，土星父親的意志，經常造成子女人格莫大的傷害。這子女可能永遠考試考不好，身體不夠強壯，意志不夠堅定。從很小時，他們就覺得自己「注定」是個失敗者，他們或許喜愛詩、音樂、文學，但土星父親不認同這些無用東西的價值，他們沒有機會去發展自己的夢想，磨練藝術才能。但他們又無能遵循土星父親所重視的世俗價值而得到成功，他們成為失落的夾心人。這種狀況以土星和太陽的一百八十度對立相時最容易發生，有的人會轉向以酒精麻痺自己，有的人糟蹋自己的健康（胃潰瘍、肝硬化等等）來懲罰自己，他們並不能「甘於平凡」，因為土星父親瞧不起平凡的人，他們是父親的羞恥，他們或許會逃避與父親接近，離家遠遠的，但父親的鬼魅卻永遠跟著他們，他們的生活中永遠迴響著父親的命令和責難的回答，他們活在罪惡感中，因未能完成父親的期望而受苦終生。

土星父親對於男女兩性子女的影響同中有異，男性比較容易「適應」土星父親的意志，因為我們的社會基本上肯定男人要堅強、勇敢、刻苦，因此男性也比較願意依照土星父親的規矩行事，容易承繼「土星式的人格」。這些人長大後，常常顯示了土星的特質，譬如說不肯付出溫情、強調競爭的重要、瞧不起失敗者，有些成功而苛刻員工的大老闆常常是標準的土星人。

他們不屑於「慈善行為」，認為慈善會導致寄生蟲人格，他們總是嚴以責己也嚴以待人，這樣的人，可能是成功的事業家、政客、軍人、技術官僚、行政人員（這些都是土星適合的職業）。社會讚揚他們的貢獻和成就，但只有和他們親近的人才能感受到他們內在心靈的荒寂和冷漠。如果他們的配偶和子女有著易感的靈魂，必定無法忍受。這些人雖然成功了，但永遠不滿足，在他們心底，他們仍然是孩童時期那個「不夠好的小孩」，永遠無法超越父親的標準和權威，他們或許是事業的巨人，卻仍是心靈的侏儒。

由於土星父親總是壓抑情欲的需要，克制情感的流露，這些土星兒子無法和身邊的人建立溫暖的關係（不管是精神或肉體上）。他們或許有性滿足的需要，卻不能將性的表達和愛戀、溫情、親密連結在一起，他們的人際關係大都建立在權力的展示和交換之上。他們永遠戴著權威的人格面具，這種人在晚年遭受失勢、失權及疾病的打擊時，會變得異常脆弱，因為他們的靈魂終於等到機會，向人格「報復」長久以來的忽視和傷害。

土星父親的女兒在適應父女關係時特別困難，除了少數的女性，由於有著特別堅強的性格（如很強的土星落在很強勢的星座），會承繼父親的人格，成為「土星式的女強人」，這些人可以很剛強、勇猛、富競爭心、「不讓鬚眉」，有時比某些男人還無情。但她們被壓抑的女性本能仍是傷痛的來源，她們會發現一般的男人不需要她們，她們也很難和別人建立溫暖而有感情的關係。她們也許努力於學業、事業，但所有的成就都彌補不了她們必須面對的「土星式孤寂人生」。

對於無法發展土星人格的女兒而言，由於父女關係帶來的失望及不快樂，使她們畏懼和其他男性的關係，男性總會讓她們想到父親所代表的限制、冷漠和嚴厲。她們或許會晚婚或逃避婚姻生活，寧可單身一個人過，或者因為她們對男性有潛在的敵意，使她們和男性相處不易，而這種關係的失敗又再度印證了她們的心理模式，即男人都是不好相處的。

有的女性或許將敵意壓得更深，或許是因為對父親權威的順從及依賴，她們常常會嫁一個「土星型的丈夫」。而這樣的婚姻關係成為童年模式的再版，她們是那個常常犯錯、事情做不好、自卑、無能、凡事靠丈夫、沒有主見、絕對服從的妻子。這些妻子將她們童年的創傷延續到了成人生活之中，而通常和這種土星丈夫的關係是很難掙脫的。女性主義的自覺對這些人也特別無效，這些女性不僅是喪失了女性的人格，根本是喪失了個人的人格，除非有一天她們的土星丈夫讓她們失望，譬如說拋棄了她們，這些女性才有機會將她們潛藏對父親，甚至對男性的敵意和憤怒一股腦表現出來。而這種不健康的情緒，常常反而成為女性運動的精神負擔。

天王星父親的形象也有兩種。正面的天王星父親形象，通常和太陽形成和諧相位，他們可能是傑出的科學家、社會改革家、有創意的發明家或從事較平凡的職業，卻有著卓越的心智、開放的心胸和積極的創造力。

這種天王星父親對子女的教養很少是「平凡的」，他們也許會送小孩去森林小學，鼓勵子女獨立思考，帶領小孩接觸多變化的學習環境，他們或許是 Discovery 頻道的忠實觀眾，小孩也會在他們的引導下喜歡科學、自然、生物、宇宙等等。好的天王星父親和土星父親的不同在於，他們是「師父引進門，修行在個人」，因此他們鼓勵小孩發問，質疑權威。他們要培養的是獨立的個體，而不是他們的「翻版」或「取代」。

但當天王星和太陽成不和諧相位，尤其是一百八十度對立相及九十度四分相時，這個天王星父親的形象則呈負面的天王星作用力，他可能性格極不穩定，思想、行為古怪異常，常有驚人但不合邏輯的想法，相當孤僻、不合群等。我有個朋友正有這樣的天王星父親，他父親很不喜歡人，認為任何正常人都是俗氣又保守的，因此從小到大，他都不許帶朋友回家，和同學、朋友交往都必須背著父親，別人打電話找他時，常常被他父親無禮又粗魯的掛斷電話。另一個朋友的天王星父親曾穿著睡衣去送便當給兒子，讓兒子好久都抬不起頭。

有的負面天王星父親更糟，他們可能老是和上司不和，老是換工作，所以從小到大搬家數十回，小孩也得跟著換學校。再加上找不到工作的空檔，家中的經濟生活大亂，但異於常人的天王星父親卻還可能拿家中僅有的積蓄去買一輛新型跑車。還有的負面天王星父親會從事種種不當的冒險行為，譬如著迷於高危險的飆車、不戴氧氣罩深海潛水、高空跳傘等等，他們的小孩常常要活在「父親有一天會不回來了」的驚恐中。更有的負面的天王星父親，可能是老在街頭和鄰人打架鬧事的傢伙。

子女在負面的天王星父親的影響下，對人生很難建立一套穩定、長久的價值系統和目標，他們在成人後常陷入意志的動盪不安和無所適從的處境。不能決定他們該做什麼、要做什麼或能做什麼，他們可能會重複童年「動盪不安」的生活模式，一再的換工作換伴侶，心底老是有股騷動著、靜不下來的力量拉扯著他們。他們總想破壞現有的一切，卻不知要如何重建。最糟糕的情況下，他們可能成為一個只愛破壞的恐怖分子，這些負面天王星帶大的子女是人生的迷航信使，他們古怪的夢想和念頭可能永遠不能實現，他們像百變孫悟空，但變來變去變不出結果，他們沒有能帶他們上西方取經的唐三藏，也沒有一道象徵土星的緊箍咒克制他們的野性。

有時候，這些天王星子女或將天王星的負面力量投射在配偶身上。他們可能會和「最不適合」的對象結婚，對方也許是極端不負責任的人，譬如新婚之夜就沒回家，或老是在外打牌，或常有驚人之舉。譬如明明沒錢卻訂了個房子，或突然辭職要一個人去騎單車環遊世界，他們透過配偶再次體驗人生的動盪不安，重新經驗童年的無助、徬徨和驚恐。

不管是透過自身或透過他人而經驗負面天王星作用力的人，只有靠心理治療才能擺脫童年思考和行為模式的制約。他們必須明白所有的動盪不安都來自錯置的天王星作用力，要在這些不當的作用力中找到其他支點來扭轉錯置力量的影響，這種靠星座力量靈修的主題太龐大了，這裡不便詳述，只待日後再談。總而言之，這些深受負面天王星作用力之害的子女們，必須先面對他們的童年和父親，了解自己的心理和行為模式是自我修正的第一步。

當海王星和太陽成和諧相位時，海王星表現的是正面價值，通常代表當事人很有藝術的感性，是個悲天憫人、心慈性善的人，而這種特質通常繼承自一個有藝術氣質的父親。這個海王星父親也許真的就是從事藝術工作，或是音樂家、文學家、畫家等等。也可能在銀行上班，但業餘研究戲劇或舞蹈，或者不是藝術家，而是社會工作者、社會慈善的熱心贊助人等等。總而言之，這個父親教導子女的價值是美、善、同情心和助人。

有這樣的父親是幸運的，在這種價值中長大的小孩，成人後或許是樂於為慈善付出的生意人、有著悲天憫人胸懷的社會工作者、真正肯濟世救民而非為一己利益的政治家、具有人文情懷的科學家，或是表達人類情感奧祕的藝術家。

但當海王星和太陽成九十度或一百八十度的不和諧相位，這些海王星父親表現的卻是海王星的負面價值，通常他們是人生的受苦者，他們通常敏感、軟弱而無能，也許有滿肚子藝術的夢想，卻在做一份自己毫不認同的工作，從來不能寫出夢想的小說，老是渴望有錢去做慈善工作，卻懶得在下班後去當義工。他們是不實際、光說不做的夢想家，喜歡抱怨，老是自憐，有的負面的海王星父親可能會沉迷於酒精或各種麻醉品之中，來逃避他們不願意面對的現實，這樣的父親當然會造成現實的失敗。他們常常無法賺到足夠的錢養家，或勉強養家但卻身心交瘁或百病叢生，需要小孩照顧。

由於海王星父親感情豐富且氾濫，因此他們的子女很容易感受到父親的受苦，而他們常常會認為父親的受苦和必須撫養子女有關，因此他們對父親的同情中也包括了很深的自責，覺得自己的存在「害了」父親。

有的海王星父親的不幸會顯現於外在環境，譬如說他們的配偶很不負責，留下他們單獨照顧、撫養子女，或者他們有個不講理的母親，經常給他的婚姻生活製造難題，但由於海王星的心軟和糊塗，他們通通無法妥善處理人生當中的各種情感危機，他們看起來是受害者，但也可能是加諸不幸的共犯。但這些道理，海王星子女可能要到成人後才可能發現，甚至終生不會發現，他們對父親的同情太巨大了，因此經常成為父親情感勒索的對象。

有的海王星子女，雖然有著極困難的相位，但因為土星和木星的幫助，成為了不起的藝術家，他們寫出非常具有情感複雜和深度的作品，但這藝術成就絕對得來不易，他們不是得到上天寵愛的藝術家，成功絕非唾手可得，他們表現的藝術也多半呈現人類經驗的黑暗面。

但是大部分的海王星子女，卻沒這種「幸運」，能透過藝術得到救贖。他們常常重複父親的模式，他們可能是受害者或烈士，或兩者都是，他們或許也沉迷在各式的麻醉品、不真實的情愛生活，或各式各樣的幻想之中，比如中獎券、從未動筆寫的小說得到文學大獎等等。他們可能陷在極糟糕的婚姻關係中不能自拔，或想藉著犧牲去感化一個老是剝削他們感情和金錢的人。或者將對人生的沮喪、不滿、失落深藏心底後變成一個老是生病的人，希望能得到別人好好的照顧和愛。或是把自己的物質或精神生活弄得一團糟而希望救贖者出現，帶領他們逃離人間。

海王星是朦朧、模糊、不分黑白、難以摸透的，只有極具洞察力的慧眼，才能看穿海王星的犧牲並不是「真犧牲」，海王星的受苦也不是「真受苦」，海王星的幻滅更不是「真幻滅」。因為海王星是欺騙之星，會自欺欺人。海王星的子女要花很長的時間才能了解他們的父親必須為自己人生的犧牲、受苦和幻滅負責，因為是他們自己促成了這些狀況發生，是他們創造了自己的實相。海王星子女要學習客觀的同情，而不是主觀的移情，要懂得「放下」，不要讓父親生命的悲傷成為自己終生的沉重十字架。

當冥王星和太陽成相位時，不管是和諧或不和諧，對子女影響都有其激烈之處（不和諧相位力量更大），通常冥王星的父親有著強烈的意志力，但和土星父親不同之處，在於他們的意志力中包含強烈的生命激情。他們不像土星父親一樣，只希望兒女依照一套既定的社會模式出人頭地。他們的期望更高，他們希望子女達到顛峰，完成特殊的使命。因此他們的價值系統並不全然是世俗價值的灌模，他們看得很遠，希望子女能改變歷史。這樣的期望當然是太高太強了，因此冥王星的子女感受的壓力不是土星式的嚴厲紀律，而是一種令人無法透氣的尼采式的超人意志和激情。

當冥王星和太陽成和諧相位時，子女通常有較大的「空間」可以把父親的意志、激情和自我的發展分隔，因此他們可以一方面接受父親的激勵，而同時又可以盡量不讓自己的個人意志被摧毀，但這個「空間」得來不易，通常也需要子女有同等強大的意志力才能和冥王星父親對抗。正面的冥王星父親讓子女認識激情的力量，教導他們相信只因為有激情，人類才可以完成許多不可能的事業。因此有著和諧相位的冥王星子女通常在人生之路上都是勇往直前、具有高超目標、對人生充滿激情的人。他們不會只為了名利或世俗的價值而放棄了靈魂的追尋，因此常常可以成為非常優秀的心理學家，譬如佛洛伊德即是冥王星之子。

當冥王星和太陽成不和諧相位，如合相、九十度、一百八十度相位時，冥王星的力量更大。子女和父親的關係往往是生與死的辯證，端看誰能占上風。

電影《鋼琴師》就是這種冥王星父子關係的最佳寫照，年幼的兒子在對生命及藝術雙重失意的音樂家父親的指導下，激勵且逼迫他要成為「最好的鋼琴師」，要他在不夠成熟的年齡，去彈充滿激烈的生命悲情的拉赫曼尼夫的樂曲。而他對兒子的感情也是冥王星式的兩極，愛則欲其生，恨則欲其死。他會因兒子不按照他的意志行事而怒打一頓，但事後又會以無比的深情去擁抱及安慰小孩，他的兩極激情就像拉赫曼尼夫的樂曲一樣，對還是青少年的兒子而言都太沉重了。但當兒子掙脫他形式上的管轄逃到倫敦後，父親充滿仇恨的鬼魂仍然跟著他，這個年少的音樂家卻又投入另一個冥王星式的父子關係中，這回扮演權威角色的人是他那充滿音樂激情但因受傷而無法表演的音樂教授，他期望這個年少學生是個音樂天才，完成他未竟的音樂夢。在父親、老師和自己的三重期望與瘋狂的激情燃燒下，這個學生在彈完他最好的拉赫曼尼夫的演奏比賽後就發瘋了。

冥王星是會讓人瘋狂的力量，冥王星和太陽的對立相確實會產生精神失常的現象，因為冥王星象徵死亡與再生，精神的失常正是精神的死亡。電影的後半部就是這個發瘋的音樂家浴火鳳凰再生的故事，他先從平凡的餐廳演奏開始恢復對音樂和生活的情感，當他父親再度出現，又要以激情控制他時，他懂得拒絕與保持距離以策安全。在他父親死亡之後，這時可能土星行運和他的太陽交集，他藉由土星的力量克服了冥王星黑暗的摧毀力，他再生了，他的音樂和自我都重獲生命。

有的冥王星父親的形象更黑暗，我有個朋友，他的冥王星父親是台灣的黑道老大。在他小時候，他對父親崇拜極了，因為跟著父親出門，很能滿足年少男孩的英雄意識。當他初中時，他的父親就帶他上酒家，讓他經驗到人類性欲的野蠻與黑暗。他也跟著父親看過黑道的仇殺械鬥，對這個父親而言，性、權力、死亡都是男子漢大丈夫越早經驗越好的事情。我這個朋友本來以為他也注定要變成黑道大亨了，卻因高中時期父親被仇家所殺，人生有了巨大的改變。在脫離冥王星父親的控制後，他已被燃起的激情心靈從人生的外在轉向內在的黑暗面，日後成為研究犯罪心理學的專家，這也是非常冥王星的職業。

冥王星的力量是控制、操縱、摧毀、破壞、狂熱、激情、極端的愛與恨、全無或全有。冥王星不懂中庸之道，沒有適可而止，上了冥王星之路，就像上了永不停止的雲霄飛車，天旋地轉，除非飛出車外，否則不能停止。冥王星是異常危險的，善用冥王星力量的人，也必須如同走鋼索一樣小心翼翼，就像冥王星的標準職業——外科醫生在開刀時一樣，永遠要保持高度的警覺狀態。不能善用冥王星力量的人，則像一個不會拆定時炸彈的生手要去解開引信一樣，可能隨時會喪命，而有的冥王星父親正是這樣的生手，他們的子女則是不幸殃及的路人。

只要有冥王星相位的人，終生都像該隱一樣額上刻有標記，他們是眼神熾熱、心中燃火的人。這樣的人通常適合遠觀，並不適合親近相處——想想做佛洛伊德妻子的滋味，就能明白了！冥王星人的貢獻是對世界的，並不以對家庭或私人為重，因此冥王星的人必須懂得控制自己而不是控制別人。操縱激情，而不是讓激情操縱；摧毀黑暗，而不是被黑暗摧毀。這些都需要極大的智慧。

冥王星的智慧藏在老子和佛陀的智慧之中，冥王星的自我在「轉化」（transform）的過程中，必須先「無我」才能回到智慧的「本我」。

Chapter/19

月亮母親的偉大和陰影

「母親像月亮一樣，照耀我家門窗，聖潔多慈祥，發出愛的光芒……」這是一首大部分小孩小時候都唱過的歌，世界各地不同的文化傳統，都用月亮象徵母親，這點很符合占星的理論。從個人星圖上月亮的星位、相位可以反映當事人和母親之間的關係。

慈祥、偉大、無私的愛，這些理想化的母性象徵，是世俗歌頌母親的陳腔濫調。沒錯，母親是孕育萬物的本源，承擔了宇宙最神聖的任務，但是宇宙的意識超乎人類理想的意識，宇宙的運行就像月亮一樣有陰晴圓缺。

每個人都希望「愛」母親，也希望被母親「愛」，當這份愛不能完成，或愛中有恨，甚至恨取代了愛的時候，當事人絕對會痛苦萬分。不能愛母親就等於不能愛自己生命的源頭，這種和生命之愛的斷裂，必定會對當事人的人格造成很大的創傷。

我有一個朋友，一直和她的母親有著極困難的關係，她一直覺得自己無法正常的愛她的母親。她的母親是個很沒安全感、也很容易歇斯底里的人，有時我的朋友會很同情她的媽媽，畢竟母親在現實生活中受到許多折磨。但不管她如何同情，只要她和母親一接近，就很「自然的」感受到身體的不快和精神上的壓迫。有時，甚至在只是接了母親電話後，她就會突然頭痛欲裂或想吐，甚至生病了。

她和母親之間這種折磨人的關係，從她青春期開始，一直到她離家，自組家庭之後都沒結束。而就在最近，問題變本加厲到她幾乎沒法承擔的地步，因為她發現她懷孕了，她一直想要有個小孩，但等到真的懷孕了，卻突然害怕得要死，她很想去把小孩拿掉，但不知道為什麼會有這種毀滅性的衝動。一次和她母親在電話中爭吵後，她竟然沮喪得想自殺。掛了幾次精神科的門診，醫生說是精神焦慮，但她現在鎮靜劑也不能吃，怕影響胎兒，幾乎完全束手無策。

我的朋友一直對占星採取「聽聽好玩，不必當真」的態度，她對自己和別人的太陽星座也略知一二，只當是認識人的簡便法門。反正就跟上超級市場一樣，先看分類總是方便。但她也常常覺得「占星不準」，因為她常看到一些人和書上說的不一樣。我們雖然是朋友，但我的態度一向是占星對我雖然重要，但不見得在別人生命中也扮演這個角色，就像很多物理學的研究也很重要，但我們可能連聽沒聽過，要別人相信你所相信的事情，必須得要靠緣份。

也許緣份到了，她要我研究她的星圖，我先看她和母親的關係，沒錯，她的月亮位置果然出了問題，她的月亮在雙魚四度，正好和她的冥王星處女四度成一百八十度對立相位，而當時冥王星的行運又正好走到和她的本命月亮和冥王星都成九十度的四分相，這等於火上加油，她和她母親以及尚未出生的胎兒都成為她的壓力來源，而這個壓力自然大到令她難以面對，而失去了情緒的平衡。

從占星學上來看，一個人本命月亮和冥王星相對，當事人的無意識（冥王星帶來的）中，母親代表一個破壞大於創造的力量，當受剋情形十分嚴重時（像我朋友的例子），在她無意識中，度數精確的對立相位使她覺得母親想毀掉她，因此根本無法「愛」母親，由於她的月亮在雙魚（第十二宮），代表她這種無意識的恐懼，極可能是源自她仍在子宮內的時候（十二宮領域），又因目前冥王星行運的四分相，使她再度面對她無意識中的憤怒毀滅性的衝動，也連帶和她當時的懷孕狀態產生衝突。

無意識的力量是很可怕的，我們的文化經常為了太多表面的「和諧」，而不鼓勵人們彼此面對面對抗，而提倡一味的忍耐和壓抑，繼續讓無意識的憤怒咬齧身心的健康。

我建議朋友去和母親談談，即使很困難，問她母親是否在懷孕期間曾經不想要過她這個小孩？真相雖然痛苦，但是真相也可能有治療作用。

我的朋友後來帶回來這樣的故事：她從來不知道母親是被「賣」給她父親的（窮人家的女兒被安排嫁給有錢人），她的母親在結婚前一直想逃走，但她是家中長女，弟妹都幼小，而她的父母親已經開始花拿來的聘金，再加上那個舊時代的「倫理」，她母親最後沒逃走，新婚之夜，才十八歲的她幾乎是被一個年紀大她一倍的丈夫「強暴」（她母親有冥王星和火星的九十度相位，這是個很容易在生理或心理上被強暴的相位）。而且很快的，她得知自己已經懷孕了，當時她自然覺得人生更沒救了，有了小孩，她更走不了。她母親曾試著用過許多奇怪的方法，像大力騎腳踏車、從樓梯上跌下來等等，想自然的讓胎兒流產。有一次她還被送進醫院裡安胎，但命運的力量更大，她就是必須生下孩子。

冥王星對衝月亮的人，因為曾經有過要被「遺棄」的創傷和恐懼，他們是非常沒有安全感的人，他們渴望愛，但由於太怕受傷，使他們常常「不信任」別人對他們的愛，也不信任自己對別人的愛。母親是人們一生中最原始、最重要的情感學習對象，如果我們在這個經驗中沒學到或沒學好，都會使這一生的情感經驗帶來困難議題。因此我朋友雖然想要孩子，想去愛，又不信任自己的愛，才會想拿掉小孩，她等於重複了母親的懷孕經驗。

月亮和冥王星成九十度四分相的親子關係，不像一百八十度對立相那麼極端，但衝突的力量也不可忽視。我認識一個小孩，才七歲就已經在看精神科了，因為他已經表現出很多情緒失控的症狀，他的母親一直責怪自己曾在這個孩子一歲半時，因為和先生吵架離家出走了一個禮拜，從此她的孩子的「性格」似乎就變了，變得很容易生氣、憤怒，又特別的戀人戀物，連她上廁所都要跟著，用過的破爛小毛巾也不肯丟。這個小孩就有月亮和冥王星九十度四分相。這種人通常在無意識中覺得人（像他母親）是不可靠的，會把他們丟在危險的處境中，他們被迫要很快學會保護自己，因此他們容易生氣、憤怒，甚至動手打人，都是一種先發制人的防禦行為。

這種心理機制對他日後的人際關係（這個小孩已經無法和同學相處），尤其是情感關係，勢必造成負面影響。

月亮和冥王星的合相，情形則不一樣，因為冥王星強大的力量能吸引月亮，有這種相位的人通常對母親會「全面的認同」。而這種人在被懷孕時，母親可能非常期待嬰兒的誕生，但由於這是冥王星式的愛，其中一定有一些黑暗的性質，譬如說母親可能是對她自己的生活或婚姻很不滿，希望藉由這個孩子新生帶來的喜悅去彌補她「在這世上所有的不滿」。

根據報導，白冰冰在懷孕七個月時曾想拿掉白曉燕，而白曉燕的星圖上冥王星和月亮正是合相，代表白冰冰在懷孕時，對胎兒的反應是冥王星式的兩極，又想要，又不想要，又愛又恨。

由於月亮合相冥王星，這個小孩認同母親所有的無意識，母親的不幸也是他們的不幸，母親的期望就等於他們的期望，母親是他們的一切，他們也是母親的一切。由於月亮和性無關，這種情形並不會產生亂倫的情感，但他們不僅在精神上「戀母」，他們其實最依戀的是子宮狀態，他們最想回到胚胎時期和母體不分你我、完全合一的經驗。

這樣的人往往終生和母親保持著極緊密的關係，他們在挑選對象時，也常常以母親的眼光出發，生怕對方不被母親接受。世人或許會說他們非常孝順，但因為冥王星強烈的占有欲，這種人的母親，對子女的配偶永遠不會真正看得順眼，因此他們往往非常晚婚。但當他們真的結婚後，配偶可能會發現他們很不好相處，因為他們對配偶的期望甚高，總想得到一份完全的愛，他們的所有需要（肉體的、情緒的、心靈的、知性的等等），配偶都該滿足他。他真正想要的是一份子宮期母體的愛，這種人常為了不可能的愛，而傷害了他們現實的情感關係。

冥王星和月亮的負面相位，或者月亮在天蠍座（但力量較弱），會帶來母親和子女關係中最「黑暗」、最具有爆炸力的影響，再加上冥王星是外行星，許多操縱、脅迫的力量是在黑暗的無意識中進行，當事人想走出陰影，只有靠意識之光去面對問題，而不是逃避問題。

月亮與冥王星有相位的人往往情緒上有問題，但他們不知實際的問題在哪裡。而當月亮和土星形成受剋嚴重的負面相位或月亮在摩羯座，當事人通常較容易知道問題在哪裡，但由於土星限制了月亮情緒的流露，他們雖然實際上知道問題，但「情緒」上卻不願意經驗問題，相較之下，這種人常常經驗到他人說的「不幸童年」，譬如喪母、父母離婚等。他們可能是由父親一手帶大，或母親忙於工作，把小孩交給沒愛心的保姆帶等等，總而言之，他們成長經驗中一定意識到喪失母親或喪失母親的愛，甚至連「替代母親」（好的保姆、外婆、阿姨、繼母）的愛也得不到。這樣長大的當事人可能變成「無情」的人，他們貶低情感的價值，極度冷酷，認為自己根本不需要情感。這種人有時會成為非常成功但吝嗇的商人、專制而嚴厲的政治家、實際而冷漠的丈夫等等。

如果是較不嚴重的剋相（度數距離大），當事人通常會擁有母親，但這個母親可能很冷漠、嚴格而實際，她們是那種 business before live and pleasure 的人，非常「現實至上」，她們重視小孩現實的成功勝過給予小孩情感的支持，她們心目中的「愛」是嚴加管教、訓練小孩服從，不是溫柔、擁抱和呵護。在這種「軍事化管理」下長大的小孩，內心一直處於情感貧乏的狀態，他們或許渴望愛，卻不知道如何去獲得，也不懂得如何付出。他們的情緒常常烏雲密布，就像陰暗的月夜一樣。

當月亮和海王星形成負面相位或月亮在雙魚時，海王星母親在她子女的內心中通常是一個「受害者」，她們可能是精神上的病人（極度脆弱、歇斯底里，當受剋嚴重時，則可能是真的有精神官能症）或肉體上的病人（從終日不斷的偏頭痛到各種嚴重疾病都有可能），總之，她們的兒女都必須為母親「犧牲」（物質上、精神上或雙重的）。這種月亮小孩從小就得不到母親的保護，反而要很早學會保護母親，在某種意義上，他們成為母親的「聖子」，降臨人世就為了來拯救母親。

我認識一個長輩，從青少年開始就必須照顧纏綿病榻的母親，服侍三餐、洗抹更衣，直到四十多歲時母親病逝，將近三十多年的時間、精力、薪水都用在「照顧」母親。另一位由單親媽媽帶大的女兒，母親極度衰弱、神經質，平常連出門都不敢（嚴重受剋的海王星），女兒已經快五十歲了，卻從未交過男朋友，至今晚上都還跟母親睡一張床（因母親不敢一個人睡，說怕鬼），她一生的青春、個人的愛戀，都為母親犧牲了。這兩個人都有嚴重受剋的月亮和海王星合相。

即使受剋不嚴重，月亮和海王星的負面相位仍然會讓當事人為母親受折磨，在某種意義上而言，他們都並未真正擁有「母親」。因為海王星負面相位沒有疆域及軟弱特質，對海王星母親而言，她的月亮子女是她可「附著」的實體，她們向月亮子女尋求月亮（母親）。

由於月亮子女受海王星的影響，有時他們也分不清楚母親到底有多弱，需要什麼樣的保護，他們對母親過度的同情有時是會被母親「利用」。母親可能誇大她的病情，強調她的精神不安，甚至弄「假」（海王星的伎倆）成真，讓她自己病得更嚴重，這種依賴的關係其實常常造成雙方同等的傷害。而由於這種「受難者」對「拯救者」的心理模式很早就在月亮子女心中烙下印記，月亮子女長大後，在發展其他情感關係時，很容易再度落入這樣的模式。他們常會受精神、人格、道德上有殘缺的人吸引，而把自己置身於被剝削利用的處境，而一再經驗海王星帶給他們的失望之情。就像他們的母親一直讓他們失望，如果他們不肯改變自己習慣的人際關係的心理模式，他們的愛人、上司、朋友、配偶、小孩都可能讓他們繼續失望。

月亮子女必須學習發展自己「獨立的人格」，犧牲的美德常常被我們社會誇大，但是沒有任何一種犧牲可以偉大到必須賠上另一個個體。月亮子女必須懂得先愛、先保護他們自己，因為這是無法從母親之處得到的。適度的照顧母親，但也要鼓勵母親獨立。依賴使人軟弱，月亮子女若過度的讓母親依賴，不僅妨礙了母親精神及身體「復原」的機會（人必須先自救），也剝奪了對方學習自我成長。月亮子女要遵循月亮的自然規律：月有圓缺盈虧，不要妄想永遠做母親的「圓月」。

當天王星和月亮呈負面相位或月亮在寶瓶時，子女所經驗的母親常有一點「不尋常」。可能母親很忙，常常不在家，總之，他們會經驗一種「不穩定」的感覺，像母親一下子出現，一下子又不見了。或者母親的性格不太穩定，很容易動怒，但一會兒又天下太平。或者母親有一些古怪之處，比如長得像男人，或特別高、特別矮。母親的古怪，會帶給他們尷尬的感覺，尤其在他們青少年時。

我有個月亮和天王星合相的外國朋友，他是嬉皮母親的小孩，從小就生長在拖車上，在美國西部跑來跑去，連上學念書也不固定，老是換學校，他小時候滿崇拜母親的，覺得母親很特別，思想前進、開放、從不管他，他有著相當自由放任的童年。但他上了中學後，卻開始常因母親而感到羞愧，尤其他母親去學校找他時，同學都奇怪為什麼她母親是個白人，卻打扮得像印地安土著，而且舉止言行像少女。

電影《蓋普眼中的世界》中，蓋普的母親是前進的女性主義者，以古怪的方式（她是護士，和一個垂死的癱瘓病人發生關係）受孕，這個思想開放、舉止獨特的女人和兒子的關係，也很有可能會有天王星與月亮成相位的特質。

當天王星和月亮相位受剋嚴重時，有時母親的人格非常古怪，可能相當不近人情。像是為了某些她相信的理論，而永遠不准小孩看電視；或是某個宗教或運動的狂熱份子，不顧家庭生活，帶著小孩住到某個團體中；或從小過度鼓勵小孩獨立、大膽，把一個三歲小孩放在黑暗的防空洞中。這些「極端」非傳統的養育方式，常常對一些尚未成熟、沒有足夠安全感的孩子造成情緒的創傷。

因為童年缺乏「穩定」、「可預測」、「堅實」的生活，天王星月亮負面相位的小孩，有些長大後常會有控制不住自己情緒的感受。他們容易情緒失衡，有時很好，有時很糟，上上下下，連自己都抓不準。情況嚴重的人情緒就像個活火山，一不小心就爆發了，常常連自己都會覺得尷尬。

有的會把母親的形象投射在周遭的人身上，他們常常會受最古怪、最不正常、最反傳統的人或事物吸引。發展好的可以去從事革命事業；發展不好的可能變成罪犯或成為罪犯的愛人。這種人也有可能讓自己變成怪人，也許離群索居無法和人正常來往，或者變成一個電腦網路上的呆子，跟幾百個人用電腦交談，但現實生活中卻好幾天不開口講話。也有可能是狂熱的保護動物協會的人，但卻贊成愛爾蘭共和軍在倫敦公車上放炸彈。

天王星是不可預測的，讓受剋的月亮子民根本無法預測自己會怎麼樣，有時他們的不穩重、衝動和奇特的行為，也使他們容易碰到或引來意外事件，像汽車出事或半夜走在紐約下城被搶。

天王星使月亮不像掛在天上，而是浮在水面倒影中，一點水花都會使其改變。這樣長大的小孩不用期望去改變他們的母親，也許她自己就活得好好的，但這些當事人卻必須重塑自己的月亮，必須重建自己的心理規律，不能寄望童年做任何的改變。天王星是改變之星，他們可以藉由改變來改善自己的現狀，至少比起冥王星、海王星和土星而言，天王星和月亮的問題比較不那麼難纏。當天王星肯改變時，常常帶來的是好結果。

歌頌完美母親的人，也許是出於心理補償作用，但一定要人們相信母親完美的人，反而製造了現實中許多失望的親子關係。我們不必恐懼、排斥月亮母親的「陰影」，這是很正常、自然的現實，當我們能了解母親的陰影時，反而更能接受她真實的存在，當我們能發現自己和母親關係的陰影時，才能開始知道從何去改變我們自己、我們的生活和我們的人際關係。如果一味的逃避，躲在雲層中的月亮就可能讓我們變成一個向天狂嚎的狼人，卻不知道自己狂嚎的目標是看不見的月亮。

「讓月亮出來吧！」你不僅能幫助自己，也許還能幫助母親，在受損的親子關係中，受害的絕對不只一方。

Chapter／20

「內在父母」和擇偶

有句俗話說「知更鳥總是唱同一首歌」，這句話常用來說明家庭的遺傳（生理、心理）對個人命運造成的影響。有些人在選擇伴侶時，會刻意挑選或逃避那些像他們父親或母親的人，他們要不是對好的那一半充滿期待，就是對壞的那一半心存恐懼。但不管怎麼挑選或逃避，許多人最終卻發現自己或多或少的在重複父母婚姻的模式，而他們的配偶則總是變成那個他們喜愛或憎厭的父親或母親。

到底是什麼原因，使這些家庭的模式像基因一樣的傳承下去？行為心理專家會說，因為父母的婚姻是小孩第一個經驗到的婚姻模式，關於兩個人如何在親密關係中合作、不和、爭吵和原諒的種種，都天天在小孩眼前上演。小孩總是會介入，他們或許贊成父方或母方，有時立場轉變，有時兩相為難，而每次的介入都會對他們的人格和思想、情感模式造成影響，他們學習到的對錯原則、愛恨原則、施受原則，都成為日後和配偶互動時依據的參考系統。

在人類的行為互動中，某類行為總是易於激起某類反應，所以一個認同母親原則的男人，即使他自己起先跟父親一點也不相像，但可能在婚姻生活中透過妻子，而體悟到父親會有的反應。

在個人本命星圖中，太陽和月亮的位置通常代表父親和母親，而太陽和月亮的相位可反映出父母雙方的關係，如果太陽和月亮合相，通常代表父母雙方是頗為相像的人，父母雙方對事物的看法與行為都較接近，兩人因此可能都是嚴父嚴母或慈父慈母，因此小孩的父性原則和母性原則的學習必有一方欠缺，造成小孩無法學習互補的原則和彈性的關係，這種小孩日後常見的問題，則在於無法與和他們不同的人相處，他們總認為自己是對的、別人是不對的，最後只好找一個和他們極為類似的對象結婚，婚後他們也常發現生活枯燥與乏味，畢竟和另一個自己朝夕相處不是件有趣的事。

當個人本命星圖中，太陽和月亮成九十度四分相時，通常父母的關係中充滿衝突，父母親個性極為不同又無法發展出互補的關係，而形成長期人格和情緒的鬥爭。父母爭吵、冷戰、熱戰，甚至打架是家常便飯，在這種家庭長大的小孩，當事人會逐漸接受親密關係等於戰爭的想法，而當他們長大之後，如果和伴侶有衝突，童年的模式立即就浮上心頭。他們往往不能心平氣和的解決彼此的爭議，昔日童年的經驗從未教導他們說理，只會爭吵，而他們攻擊性的情緒也使得即使是好脾氣的伴侶，有時也不得不以激烈的情緒反應來保護自己。如果太陽月亮彼此對衝得十分嚴重，也就是兩者是度數相當精準的一百八十度對立相，通常父母雙方的衝突會更為嚴重，甚至最後導致離婚。小孩子通常都會經驗離婚前一長串的創傷，看著兩個關係親密的人如何一步一步的變成敵人，吵架、打架、不斷指控對方、歇斯底里或火爆蠻橫，這些情緒失控的行為都將對小孩的人格和情緒造成極大的傷害，進而使小孩發展出一套雙重的人格和情緒以保護自己。

當小孩長大後與他人建立親密關係時，由於童年父母分手的陰影，使他們不敢真正展示原有的人格和情緒，通常會「否認」、「掩飾」一部分的自己。譬如說，只強調太陽的人格而徹底掩飾月亮的情緒，這使他們變成很難相處的人，而當婚姻或親密關係出現困難時，通常他們的保護系統也很快就瓦解，內心積壓的人格和情緒的衝突終於浮現而帶出極大的爆發力，這時他們常發現自己又陷入當年父母關係的暴風圈中。

當太陽月亮形成一百二十度或六十度和諧相位時，通常代表父母雙方具有協調的性格和情緒，比較能和諧相處，而協調的性質可能是一致性的（例如同在風、火、水、土象星座）或互補性的（例如風象星座與火象星座、土象星座與水象星座）。這些模式也常成為小孩日後尋找理想伴侶的鑄模，他們較容易和他人建立穩定的親密關係，遇到婚姻難題時也比較心平氣和。這樣的婚姻並不代表一定像他們的父母一樣太平無事、白頭偕老，還必須參考其他行為指標，但至少代表當事人易於應對困難的關係，即使分手，也多半好聚好散，雙方仍是朋友。

除了太陽和月亮之間的相位，第四宮父親宮和第十宮母親宮也反映了父母親的關係及其對子女的影響。就像第十宮內如果有陽性元素的行星（如太陽、水星、土星、天王星），或第四宮內有陰性元素的行星（如月亮、金星、冥王星、海王星），則代表子女的陰陽認同將和傳統的父母角色衝突，因十宮內的陽性元素，代表母親具有強烈的陽性氣質，子女從母親身上學習到的是陽性力量，而第四宮內的陰性元素，代表父親具有強烈的陰性氣質，而子女從父親身上學習到的是陰性力量，因此造成子女在選擇伴侶時產生很大的困惑。土星在第十宮常被當成判斷是男同性戀的指標，因為兒子感受到的女人（母親）是競爭的、壓制性的、拒絕的、限制的，造成他們以後和女性相處，尤其是性關係上極大的障礙。因土星的影響，使他覺得自己在女人面前無論心理上或生理上都很可能無能。

而當女性的十宮內，只具有陽性元素時，則代表當事人的母親認同是以男性形象出現，當事人在發展個人的女性特質時必然會遭遇到困擾，通常這樣成長的女兒常變成比較中性或陽剛的角色，當她們的陽性認同過分強大時，就可能會去找另一個女性來彌補她們自身缺乏的陰性特質。

而第四宮內只具有陰性元素時，情況剛好相反，父親通常是軟弱的、陰柔的或具有優秀的女性特質，如會做菜、照顧女兒等等。男性通常在發展個人的陽性特質時有所困擾，他們常會成為父親型的好男人，敏感、體貼、溫柔，他們欠缺的陽性特質則會以尋找一個具有陽性特質的女性來彌補。

女性在適應第四宮中的陰性元素時比男性問題大，因父親的軟弱及陰柔的特質，常使得女性不知如何接受這個父親，她們常常心中怨恨自己不曾擁有像別的小孩有個強壯、勇敢、強悍的父親，而這份失落感將延續到成年，她希望自己跟個比父親更強的男性在一塊，卻不知如何相處，而叫她選擇跟父親一樣的男人的話，她又回到了童年的不滿中。

除了第四宮和第十宮，陽性元素行星靠近ＩＣ（第四宮宮位起頭）和陰性元素行星靠近ＭＣ（第十宮宮位起頭）時，造成的影響也和四宮、十宮相同。

當第四宮（或ＩＣ）和第十宮（ＭＣ）中同時具有不同的行星，而第四宮（ＩＣ）

是陰性元素，第十宮（ＭＣ）是陽性元素時，不僅子女有認同上的困難，如果這些行星又形成一百八十度的對立相位（誤差值在五度內），則代表當事人因父母角色的互換而產生極大的衝突，譬如說女強人式的陽性妻子十分怨恨陰性丈夫的無能，而丈夫也不滿妻子的霸道。這種衝突使得子女在適應未來的伴侶時產生更大的問題，譬如說娘娘腔的兒子怕女生不喜歡他，而男人婆似的女兒總認為男生一定會排斥她。

即使四宮（ＩＣ）中是陽性元素，而十宮（ＭＣ）中是陰性元素，如果兩者對立（度數五度內），則雖然雙方父母代表的陰陽特質符合傳統規範，使得子女的學習較明確，但由於陰陽相對，通常代表當事人的父母不能陰陽互濟，而是陰陽對立，譬如說陽性丈夫十分霸道、強悍，一點都不懂得溫柔體貼，而陰性妻子又過分軟弱，總是逆來順受、委曲求全。這樣的衝突模式也會對子女產生不好的影響，子女要不認同同性別的父母，而變成一樣的混蛋或可憐蟲；就可能不認同自己同性別的父母，而產生了性別認同的困惑和性別身分的迷失。

在我們的人際關係中，兩人之間常常不是一加一等於二，而是一加一等於六，除了雙方自己外，雙方的父母都捲入了這種關係。一般人較常感受到的是通過外在的關係，譬如說兩個人結婚後常常牽涉到和彼此父母相處的問題，但真正影響兩人關係的，並不是這麼「外在」──有時雙方或某一方父母早已不在人間了，或遠在國外等等──而是兩人「內在的父母」常常影響到關係的本質。有時當雙方的關係出現了大的危機，而無法解決時，光靠兩個人開誠布公坐下來談都不夠，必須能讓「內在的父母」現身，才可能看得清楚問題癥結。父母對我們的好影響、壞影響就像一個鑄模，形成我們的人格和情緒大部分的原型，我們雖然不能改變我們的父母，但我們卻可以改變我們的「內在父母」，而使他們不再成為困擾我們、妨害我們的惡魔。

改變「內在父母」的過程十分艱難，也不是短時間內可以達成的工作，但對於因父母關係錯誤的模式而深受其害的人而言，這個努力絕對值得，要改變「內在父母」，首先就必須學習原諒，視父母為凡人而不是權威，承認他們也有犯錯的「權利」，不要對他們期待過高，要客觀的看待他們。重新檢討自己的童年，不要企圖在父母的關係中做一個裁決者。相信人要為自己負責，如果一個不幸的母親或父親選擇了一個壞的配偶，那是他們「自己做的選擇」，他們的受害或受苦都應該只由他們自己承擔，而子女不應成為替罪羔羊。如果彼此不能相處的父母分手了，別當是自己的錯或哪一方的錯，人與人不能相處而分開並不見得是一件壞事，要學會接受生命中的失敗。如果父母雙方沒有分手而繼續維持惡劣或痛苦的關係，即使他們口口聲聲說是為了孩子犧牲，也不要接受這份情感的勒索，他們或許可憐，但他們的可憐不在於犧牲，而在於不成熟的擔起成人的責任。不過要記住，是他們選擇了留在婚姻裡，小孩不須為此負責。

當我們清除附著在「內在父母」上的許多情緒障礙之後，我們就須開始為自己塑造一對能指導、照顧、保護我們的理想「內在父母」。他們將是陰性元素和陽性元素平衡的發展，他們是一個和諧的、相輔相成、共生共活的聯盟。而這樣的「內在父母」將帶給我們一個真正和諧、滿足、完整的親密關係。

PART

5

另類的愛

寶瓶時代將會是一個新的性啟蒙主義時代，也許人類可以回到開放的「原性」人。也就是說，我們也許終於可以讓身體和無意識中的陰魂和陽魂對話，在自身內達成陰陽的和諧，進而實踐社會兩性的和諧。

Chapter/21

陰魂、陽魂與同性戀、雙性戀

根據柏拉圖的理念，人，有三種原型：男人、女人和陰陽人。當神把這三種人一分為二時，世上就出現了少了一半男人的男人，少了一半女人的女人，少了一半男人的女人和少了一半女人的男人四種人。這四種人終其一生都想尋回他們失落的一半，這種追尋我們稱為愛。

異性戀的擁護者一定反對柏拉圖的理論，因為按照這個「神話」，同性戀者是多數，占人口的三分之二，異性戀則變成少數了，而雙性戀變成老是找錯另一半原型的人。

榮格根據柏拉圖的理念，發展出較完整的陰陽兩性理論。榮格也承認他受了中國道家易經的影響，認為人類集體無意識中存有兩種原型：一是阿尼瑪（anima），這是一個女性之魂，即陰魂；另一即是阿尼姆斯（animus），這是一個男性之魂，即陽魂。由於每個單獨的個人無意識中都繼承了人類的集體無意識，因此存在個人無意識中的陰魂和陽魂將對我們的性別認同產生極大的影響。

一個男人（根據性器官的定義），雖然具有男性化的身體，卻可能主要認同是無意識中的陰魂。因此這個男人便有可能表現出傳統認為是女性的特質，譬如多愁善感、脆弱溫柔、體貼細心。而一個女人（根據性器官的定義），如果主要認同的是無意識中的陽魂，這個女人可能變成男性化的女人，譬如說勇敢剽悍、剛強好鬥、缺乏柔情等等。

按照榮格的理論，由於大部分的人都不曾讓自己無意識中的陰魂和陽魂得到充分的發展，因此我們總是將「未發展的原型」投射在伴侶的身上。傳統上，一個女人若主要認同她的陰魂，她便會希望去找到一個代表她無意識中隱沒的陽魂的男人，因此傳統上女人喜歡男人剛強、勇敢、好鬥、要像個「男子漢」。同樣的，一個男人若主要認同他的陽魂，便會投射他無意識中壓抑的陰魂到一個女人身上，因此傳統男子要的女人是溫柔、體貼、細心的「美嬌娘」。

但人對無意識中的陰魂、陽魂的認同，並非出於理性的選擇，而常常是受無意識作用的影響。這些影響歸納來說，可能和靈魂的選擇（輪迴說）、胎兒在子宮期受到的暗示（胎教理論）、嬰兒受到的教養（學前理論）或幼童受到的兩性制約（社會化理論）都有關。因此一個投錯胎的靈魂，可能會有著男身卻強烈的認同自己的陰魂；母親懷孕時一直想要兒子而生下的女嬰可能會無意識的認同陽魂；嬰兒期被當成女兒帶大的男孩可能認同陰魂多於陽魂；幼童期老是和小男生一起玩騎馬打仗，沒什麼女性玩伴的女童可能認同陽魂多過陰魂。

這些和自己身體性別認同不一的人，長大之後，在尋找另一半時必然會產生許多認同的困惑。如果一個認同陰魂的男人遇上的女人卻很女性化，他便無法讓自己的陽魂投射出去，因此他就需要找一個帶著陽魂的男子當他的愛人。對於認同陽魂的女人而言，尋找她自身失落的陰魂則可能必須投向另一個女人身上。

有的人或許受制於社會對同性戀禁忌的制約，或許因為他們逆轉的認同傾向強度不夠，有的認同陰魂的男子也許找的不是男子，而是一個帶著陽魂的女人，在社會容許的範圍下，一個娘娘腔型的男人也許娶了一個強悍勇猛的女人。按照心理成長的理論，一個人越能將無意識中的陰魂與陽魂均衡發展，越能達成一個完整的人格，而這樣的人生在尋找伴侶時，找的不是投射和補償自身的對象，而是一個能一起分享陰魂和陽魂雙重之美和力量的人。

從占星學上，要看出一個人是否有同性戀或雙性戀的傾向，有一些祕訣，很多同性戀者都強調他們成為同性戀是「天生的」，也許因為荷爾蒙的化學作用或基因的影響，但也有許多社會衛道人士強調同性戀是「後天的」，像受到不當教養的影響或因特殊環境（住宿學校、軍隊或監獄）的催化。依照占星理論，「天生的」或「後天的」不必爭論。「天生的」在星圖上一定看得出來，而「後天的」，也可以從流年的行運和本命圖產生的作用看出。因此，在某種意義上，同性戀是無法矯正的，但在占星更高等的原則下，同性戀是可以改變的。如果同性戀者積極發展自己無意識中被壓抑的陰魂或陽魂，而達到統一的陰陽魂，許多同性戀者可以變成雙性戀；同理對異性戀也成立，如果異性戀者積極開拓無意識中的陰魂或陽魂，異性戀者也可能變成雙性戀。

天王星和海王星這兩顆外行星是造成同性戀或雙性戀最主要的動力來源。尤其當天王星和海王星和金星、火星產生某些特殊相位，或天王星、海王星落在八宮時，最能產生這種顛覆傳統、顛龍倒鳳、性別倒錯的力量。

天王星或海王星的同性戀者是迥然不同的。一般對同性戀的刻板印象包括個性大膽、作風前衛、性活躍、任意更換性伴侶、性關係不長久，這些其實是天王星的特質，而非海王星。

天王星的同性戀或雙性戀者，通常會有天王星和金星、火星的不和諧相位，如合相、九十度四分相或一百八十度對立相，或天王星在八宮。他們是天生的性解放者，無法按照社會既定的性別規章談情說愛，越是不合傳統、不合道德、不被允許、無法長久、不能結合的愛，越能吸引他們。他們是性愛冒險家，在同性戀酒吧中夜航尋找一夜風流的人，也必須要有這樣的星座相位，才敢面對一夜風流帶來的各種危險。但有這種相位的人，並不完全是受到同性愛或雙性愛的吸引，顛倒性別的愛只是他們的人生實驗之一，其他禁忌的愛都可能是他們狂愛的領域。有些理論認為同性戀常常是被壓抑的亂倫之戀的轉移，正符合了天王星和金星交集的理論。

有著這樣相位的當事人，是不是「一定」就會成為同性戀或雙性戀者？這倒也未必，基本上要看金星、火星及天王星落入的星座相位及宮位。如果落在較重視性愛、滿足或較大膽開放的星座或宮位，如天蠍、金牛、牡羊、獅子，或當事人的太陽星座或上昇星座落在雙魚、雙子、天秤、人馬，當事人把潛藏的性愛潛能表達出來的機會就較大。如果再加上行運的天王星和金星、火星成相位或落入五宮、八宮，當事人就更可能從原本一夫一妻的關係變成「暫時」的同性戀或雙性戀者。只要想想寄宿學校、軍隊和監獄中，並不是每個人都會在那樣的單一性別環境中「變成」性取向異常者，就知道人一定是先有「定時炸彈」，才會在碰上引信時爆炸。

如果當事人只有天王星和金星的相位，而沒有天王星和火星的相位，通常當事人可能成為柏拉圖式的同性或雙性戀者，他們喜歡上同性別的人，但卻沒有足夠的性衝動或性能量讓他們打破性別藩籬，但如果遇到他人主動的情況，他們或許會偶一為之，但很少會成為固定的同性或雙性戀性愛實踐者。

若當事人只有天王星和火星的相位，而無天王星和金星的相位，他們的同性戀或雙性戀基本上只是性冒險的延伸，談不上真正的愛戀。有時他們會耽溺於某個特定的性關係，享受它帶來的刺激，但由於缺乏金星帶來的認同，他們的性伴侶並不見得是他們尋找的另一半，他們常常尋找的是自己。這種自戀型的同性戀或雙性戀者，和他人性交基本上只是另一種形式的自慰，而有時他們可能愛的是異性，但只對同性有性欲。

基本上，天王星的同性戀或雙性戀者，對自己的性別身分都較敢公開。他們認為社會不能接納，那是社會的問題，他們並不認為自己有錯。因此，他們也較常成為同性戀運動的鼓吹者，這也使絕大部分人對同性戀者的印象都是天王星型的，主要即因為他們比較活躍。

海王星的同性戀或雙性戀者卻是另一種，一般說來，藏在衣櫃中或站在灰色地帶的，就是這種海王星型的同性戀或雙性戀者。他們常常偷偷摸摸，也不敢公開承認自己的性別取向，又容易覺得自己有錯，對不起家人、朋友或社會，他們的性別傾向異常成為宿命的十字架，注定要為其犧牲，這也是海王星的課題。

雖說海王星型的同性戀或雙性戀者喜歡自欺欺人，但探究這個「欺騙」的底層，也確實怪不了他們。因為海王星的混沌不明，使得他們真的無法確定自己是不是「真的」性別傾向異常。這個現象尤其以海王星在八宮的人最為嚴重。在我收集的星圖中，同性戀者或雙性戀者，或那些看起來像但還未出櫃的同志，以海王星在八宮的人最多，因此傳統占星學上把這個位置看成是辨識同性戀或雙性戀者最準確的角度。

海王星在八宮的人，通常代表他們自子宮期起的性別意識就很混亂，他們的母親可能正期待生個女兒，卻來了個兒子，或者剛好相反。他們可能誕生於一家都是女生，而他是獨生子的家庭；或許他們年幼時同性別的家長死亡或離開家庭，使得他們缺乏同性的角色認同。這種認同困惑及迷失，常常造成當事人很大的痛苦，如果他們剛好有天王星和金星、火星的交集，反而是幸運，這樣他們會比較敢去嘗試及打破傳統規範，為自己找到一個較確切的性別認同，而天王星的不在乎也可以減輕他們的罪惡感。

但當他們的星圖缺乏天王星的引導力量時，這些海王星在八宮的人，最可能過著自欺欺人的雙重生活。通常他們會隨波逐流娶妻嫁夫，也許內心偷偷幻想和某個心儀的同性對象，或是電影、電視上的同性偶像發生關係，以滿足他們標準的海王星式的愛的幻想。或者他們可能在受到外界的引誘下，偶爾發生一段「不正常」愛戀，但從不敢公開，只能深藏心底，隨時讓痛苦和有罪的記憶折磨他們。

海王星的同性戀或雙性戀者，常是被動的「性獵物」，他們只會被引誘，也需要被引誘，一般情況下，他們變成雙性戀者，比單純做同性戀者要多。並不見得是他們真的兩種人都愛，而是無能選擇，不會拒絕，但也只有這種人最容易讓死心眼的異性戀者受傷或發狂。

海王星和天王星最大的不同在於天王星會分清楚，也肯說清楚，中間沒有朦朧地帶，因此天王星人是天生的獵人，他們不喜歡對特定的人或事承諾。天王星人認為一切都隨時在變，不可能「你眼中有我，我眼中有你」，而是「你走你的路，我過我的橋」。但海王星卻是朦朧派高手，他們永遠待命，隨時和看對眼的、心動的對象相融在一起，他們是同盟會信徒，願意對每一次的愛許下永遠的諾言。但海王星的愛情傷人之處也在於此，因為海王星型的愛人朦朧、混亂、無界而又無所不在。他們是向所有人開放的公共空間，如果你的海王星愛人沒睡在你床上，而剛好又有某人看上他，海王星人是很難拒絕別人的。

尤其是當海王星和火星形成不和諧相位時，這些海王星人更可能經常性出軌，而因為他們的被動與朦朧，他們對兩性都有吸引力，因此常常變成身不由己的雙性戀者。如果他們自身沒有海王星和金星的影響或天王星的影響，這類雙性戀者常常會覺得自己「被強暴」。他們會在明明不見得喜歡某些人的情況下和對方發生關係。

一般而言，天王星的同性戀或雙性戀者的陽魂較強，因此他們的形象都較雄性（macho），而一個雄性的男人為什麼找一個雄性的男人，卻常讓一般人百思不解，這正是天王星的奧祕之處。常常雄性的同性戀者會找上另一個雄性的男人是為了滿足天王星喜好的爆發力，只有雄性和雄性產生的性鬥爭，才可以滿足這種欲望。而海王星型的同性戀和雙性戀者陰魂較強，他們的形象都較雌性（feminine），在自然界中，以雄性追逐雌性為主。這正說明他們在性行為上較被動的原因。

不管是同性戀、雙性戀或異性戀都只是人類性行為、性傾向座標上的一個標準，而人類行為、意識的複雜，直到今日我們都只看到冰山的一部分。在越開放的社會，我們越能看到更多的冰山浮出海面，我們也更有機會去探測海底冰山的奧妙。從埃及時代、希臘時代、中世紀，直到今日，對於同性戀、雙性戀、異性戀的衡量價值從未一致，同性戀曾被認為是最高、最完美的人類性愛經驗，也曾被認為是最無恥、最下流的性犯罪。在今日的社會，人類又慢慢走向一個什麼都可以、沒有高低的性別取向自由時代。

由於受到寶瓶時代天王星的影響，將會是一個新的性啟蒙主義時代，也許人類可以不再執著於劃分或爭辯同性、異性或雙性戀者的差異或對錯，而回到開放的「原性」人。也就是說，我們也許終於可以讓身體和無意識中的陰魂和陽魂對話，在自身內達成陰陽的和諧，進而實踐社會兩性的和諧。

Chapter／22

青春之愛的悲歌

羅蘭巴特在《戀人絮語》中提到「戀愛在時間上有個圈套」，當少年維特「發現」夏洛蒂時，她正在切麵包和黃油，一片一片的分給她的兄弟姊妹。這是多平凡的景象，但在戀人的眼中卻不同，維特被這景象迷住了，在他心中，夏洛蒂就像一塊麵包（基督的象徵）分給大家，夏洛蒂因此代表了「愛」。

維特墜入了情網。這是一見鍾情的開始。

夏洛蒂並不特別，有時還有點平淡，是維特把夏洛蒂「魔幻」化了，維特會親吻夏洛蒂送給他的綢帘、她寫給他的書信及她碰過的手槍。甚至當維特不能親自去見夏洛蒂時，他差遣了僕人前往，因為夏洛蒂的眼光曾落在僕人身上，對維特而言，這僕人也成為了夏洛蒂的一部分，他甚至想把僕人的腦袋捧在手心裡好好吻一下。

維特自始至終對他和夏洛蒂的關係並不抱希望，「但他仍然要」。他一心癡情，當他看到一個失戀瘋子在寒冬中為了愛人採取山谷中的鮮花，他立即認同那個瘋子。對維特而言，戀愛就是發瘋。當維特明白了自己不可能在夏洛蒂的生活中再扮演任何角色時，他選擇自殺，他以為死亡將使他和夏洛蒂緊緊結合起來，因為他是為她而死。維特的悲劇從未停止發生，命運總讓維特一再重生，一再死亡，台灣前幾年發生的國中男生為女童軍老師自殺的新聞，就是維特悲劇的重演。

青春之愛是最不世故的，戀人的靈魂第一次迎向愛的神祕世界，所有因愛產生的經驗都令人心遊神馳。第一次的手指接觸、第一次的擁抱、第一次的親吻，對戀人而言，都是「永恆而神聖的那一刻」，初戀在我們靈魂中烙下永遠無法磨滅的印記。

「初戀」並非只是第一次喜歡上某個人，或第一次和某個人「發生關係」，初戀是第一次真正愛上了，這個時刻可以發生在小學、中學、大學甚至中年後，但只有發生在年輕時最令人失魂落魄。

命運給人不同的「戀愛功課」學習，有人容易，有人困難。假設用占星學倒推少年維特和夏洛蒂的戀情，我們可以說維特的金星和夏洛蒂的海王星想必有相當的關係。金星把海王星對象看成愛情的完美化身，而天王星在其間也必有關係，因為兩個人年齡、身分背景均不適合，最後冥王星一定插上一腳，使得維特因愛而死。

文學「可能」是虛構的，卻經常在世間改變形式上演。我有個女朋友最近很煩惱，她要求我將她正值青春期的兒子的星圖說明給她聽，因為她已經不知道該怎麼處理。問題是這樣的，她發現兒子「突然」愛上了她的朋友，一位年紀足以做她兒子母親的已婚女人，當然他們之間並未發生了「什麼事」。但她身為母親，和兒子靈犀相通，她感受兒子一直為這份無法完成的愛而痛苦。她不知道這樣的痛苦會維持多久，更不知道該如何幫助她的兒子。

我製作了這位十六歲少年的星圖，及那一位三十五歲已婚婦女的星圖，然後我才了解、也再一次驚歎宇宙力量的奧祕和「美麗」（星圖中呈現出來的秩序和人間秩序並排時，對我而言只能用「美麗」來形容了。即使美有時無關乎人間善惡）。

這個少年的金星在寶瓶和天王星成六十度相位，代表當事人對感情本來就有較不傳統的看法，至少他認為愛情不應受限於年齡差距。而他的金星和女方的海王星成九十度，按照榮格的理論，他將自己靈魂中的阿尼姆斯（女性原型）投射在這個海王星女人身上，當他「親近」這位海王星女人時，他很自然的湧出一種羅曼蒂克、溫柔、甜蜜的感受，而這種感受當然很像「愛」。雖然金星的一方單相思居多，但當金星投射愛到海王星身上，海王星的無意識接收（海王星是有容乃大，什麼都容許的），卻讓金星男方覺得他的愛被女方接納了。再加上男方的月亮和女方的天王星成合相，使男方的情緒受到女方無意識的刺激，女方的「存在」令他興奮，他會渴望見到女方，這種期待也自然帶來愛的感覺。

這兩位星圖中最強大的作用力發生在男方的天王星和女方的金星合相，這種星圖配置是除了金星火星合相外，在所有星圖合盤中最能讓雙方產生強大的性吸引力和愛的迷戀的相位。天王星代表的突然、無法預測的性質，更加深這種迷戀的力量。而這個力量的主導是男方的天王星，天王星必須讓自己的力量附著在金星身上，因此代表金星的女方自然成為男方迷戀的出口。

從這兩個人的星圖看來，雖然我不認識女方，但可以猜測出她的感受，女方並非全然無知，某種程度她知道而且接納男方的愛意。但她的海王星只「象徵的接納男方的情感」，並不肯真正接納真實的對方。海王星擅長逃避。她不像電影《畢業生》中的母親一樣，會願意演出一段「非世俗之戀」。

這是兩個人的關係星圖，但事情要發生，都有一定的「行程表」，從行運來看，男方墮入情網時，正是行運天王星合相本命的金星（即代表一段突然發生、不合傳統的戀情），土星又和金星成六十度的六分相（代表他會愛上年紀大的人，但土星也讓他的感情無法真正付出）。冥王星又和金星成六分相（不管戀情有沒有開花結果，對這個少年的影響勢必重大，也可能是他這輩子第一次經驗到的深刻之愛），再加上海王星也正要開始和他的金星成六分相了，這份愛的幻象恐怕一時還結束不了。

這個少年目前本命月亮正和行運的天王星對衝，代表他和母親的關係很緊張，他們之間顯然有重大的分歧和衝突。朋友說，她當然要反對，她還傷心極了，我只能勸告她，她兒子「不會真正發生」什麼事的。這是上帝的旨意，而非道德的旨意。但朋友仍堅持這種心理的迷戀會對人格造成傷害，她想糾正他。怎麼糾正呢？重新改寫出生年月日時地點？我告訴她，他兒子目前需要的是了解及容忍，讓他知道他的感覺並不等於有罪，他只是因鬼使神差的影響，在不應該的年齡愛上了「不應該」愛的人。只有世俗成見的罪惡感會使他的人格扭曲，而不是這份心中的情感。

或許是老天幫忙，目前她兒子的行運大都是吉相，他的愛戀其實對他整個人格長期看來還是有所幫助的，他如果有藝術天分，目前正是他從自己的人生情感經驗中吸收養分的時候。他真正的麻煩反而是和母親之間的關係，他母親讓他老覺得自己「有錯」，再也不配得到母親的愛了，這種母子情感的疏離和斷裂才是更大的問題。

我希望朋友聽得進我的勸告。占星學幫助我們「發現」問題、「了解」問題，並不能讓我們「阻止」問題或「糾正」問題。她兒子這份迷戀的愛的「問題」，將在未來三、四年後結束，屆時所有正在行運的星都將離開作用相位，但這並不代表以後就沒有別的人出現，帶來別的感情問題，或者他自己說不定會變成別人的感情問題。只是因為他現在是青春少年，這首愛歌才特別令人煩惱和擔心，也更需要親人及世人的了解和接納。但也因為年輕，他才能全神投入這種純真的愛情渴望，也許這是他這一生最難忘懷的情感啟蒙經驗。

Chapter/23

女性更年期的性欲

不管女性主義者怎麼反對，上帝創造男人、女人時根本是不平等的，至少男人沒有更年期。男人六十歲的精子仍能孕育健康的下一代，女人六十歲已經沒有卵子了。然而，現代社會大部分的愛和性活動都和「生殖本能及目的」無關，但許多女性仍然深受經期的影響，對不少女人而言，停經等於是宣告性愛活動結束。

社會有一套符合社會結構、家庭結構的性愛規範，譬如說，青少年最好不要發生性行為，因為萬一懷孕了，他們沒有能力照顧下一代，社會就必須付出代其照顧的社會成本；二、三十歲的男女最適合有穩定、安全的性關係，以保障生出健康的下一代；老年人，尤其老年女人則不必鼓勵性愛活動，反正已經沒有生產價值了。

這一套社會價值體系，也許符合社會的利益，但有時卻和占星學的客觀立場大相逕庭。在我研究過許多的星圖中，有的人一生中可能出現的最令他滿意的性關係，或許發生在他十五歲到十九歲之間，如果被禁止，就失去了體會生命中一段難得的經驗。同理，也可能一個人最深刻、靈肉合一的經驗會在五、六十歲左右來臨，這時，如果他已婚或不再對自己身體有信心，他也可能被迫放棄這個經驗。

社會價值總是不斷的在改變，想想三、四十年前的台灣和今日的中東社會，或今日的美國或北歐，每個國家在不同年代都在經歷不同的演化。從占星的立場而言，演化程度越高的國家就越給個體較多自由選擇的機會，人的個體化也較易完成。至今人類社會沒有一個已經演化完成的國家或社會，我們仍然在繼續演化中。個人的演化也是一樣。

我有一個長輩兼忘年之交的女友，是個離婚的單親媽媽，離婚十四年來都過著無性生活。就在更年期來臨時，完全違反了一般世俗認為女人更年期會喪失性欲的觀念，她反而開始經歷到她這一生最強烈的性饑渴。我這個女友的火星落在寶瓶座，這種人基本上會是個冷靜而客觀的人，他們對性的態度是疏離而不執著的，寧願用心智去理解性行為，而不喜歡有血有肉的去體驗。他們相當獨立，害怕過度的親密會影響個人的自主性，他們或許對性有開放的看法，譬如女同志或開放婚姻，但多半是理論派。

他們有興趣討論開放的性，但並不熱衷實踐開放的性。再加上火星和土星形成合相，更使得本來就不強的性欲被土星限制住了。她土星式的父親從小對她管教嚴格，生怕她犯錯，常常提醒她做女孩不要隨便被男人「欺負」，自小她對性就懷有很深的恐懼和焦慮，而壓抑的性欲也造成她和前夫婚姻生活不能協調的一個重要因素。離婚後，她更覺得自己缺乏性吸引力，土星給她一種無能和自卑的情結，在離婚後十幾年的歲月中，性仍是她的禁地。再加上土星的謹慎和疑心，她不肯輕易交男友，更別說發生關係了。土星害怕失去控制，火星寶瓶害怕被擁有，對她而言，單身無性生活，但有一大群女友和滿意的工作已經足夠。

但當行運天王星和她的本命火星合相時，事情突然變了，有一天她去參加一個社交餐會，在席上她「突然」覺得鄰座一個四十多歲的男士似乎對她很有興趣，而她也對那位男士有種特別的感覺，從那一刻起，她蟄伏多年甚至一生的性欲突然爆發了。從來不自慰的她開始會自慰，而她性幻想的對象竟然是那個餐會上交換了名片、但了解不多的男士。其實除了天王星發生作用，冥王星這時也和她的火星形成六十度相位。根據占星理論，通常這期間有可能發生的關係，將帶來一種非常強烈、衝動、盲目又令人著魔的性吸引。

我沒有那男士的星圖，她也不能去問，我只能告訴她單從她的星圖上來看，這時她的性需要非常強，光靠自慰並不太有用，雖然天王星和冥王星帶來的關係並不穩定，也可能有些麻煩，但人生總是有得有失，就看她自己怎麼選擇了。

後來，根據她的按時來電報告，那個男人藉著公事名義邀她外出用餐，她決定順其自然，他們發生了關係，而她也經驗了這一生從未有過的滿足和樂趣，她覺得自己在性上的禁忌完全打破了。起初她對自己不夠年輕的肉體還有所顧忌，一直不敢袒裎相對，但兩人性的緊密結合卻把她對更年期女人的自卑打破了，她在滿意的性關係中，重新認知了自己的吸引力。

他們的關係並未維持太久（九個月），但我的女友說，她反正不想結婚，也害怕跟「一個不適合的人」長久來往，而那個男人有許多她無法接受的特性，但她一點都不後悔發生了這一段關係。因為透過性的解放，她克服了從小至今的性恐懼。這是她珍貴的一刻。

之後，我當然要到了那個男的資料，也做了星圖，那個男人是很典型的花花公子，並不可靠，但絕對是絕佳的性伴侶——火星在金牛座，又落在五宮，既懂調情又懂真刀實槍，加上天王星和女方的火星形成和諧相位，女方的火星有了新奇、刺激的出口，木星又和女方土星成和諧相位，解除了女方土星的不少禁忌。但他倆的關係缺乏土星的強有力支撐，月亮和金星的參與也不夠，因此只能成就一對好的性伴侶了。而這種性關係一旦重複久了，自然就失去了天王星喜愛的新奇和刺激，當然也是天王星（男方）先主動退出這個關係。從世俗的角度而言，這種花花公子最怕遇到癡情女（不管老少），還好我的女友不是，因她從頭到尾都很「自覺」在幹什麼，也不期待一個天長地久的關係。後來她甚至說其實她也覺得累，因為太沉迷於性事讓她都荒廢了工作。這是她行運的天王星相位稍離，本命的土星又在發號施令了。

我的女友做了選擇，但並非每個人都能做同樣的選擇，就如蘇格拉底所言「認識自己」，不管從事任何活動，例如要不要介入一段性關係，最重要的就是「自我覺察」。占星學可以幫助人類「自我覺察」，但它不像有些也強調自我覺察的宗教一樣，會告訴你什麼可以做、什麼不能做。占星沒有通用的戒律。每個人要自己找到自由和限制。占星關心個體的完成，自我覺察幫助我們走向自我完成。性愛合一的經驗自然可貴，但有愛無性、有性無愛的經驗，對人性的體驗和成長也有其貢獻。

Chapter/23

伊底帕斯情結和亂倫禁忌

伊底帕斯（Oedipus）生下來不久，預言家宣稱他未來將弒父娶母，悲傷恐懼的國王（他的父親）下令將王子殺掉，但心軟或對國王心懷怨恨的手下只把王子扔了，並未殺他。王子被鄰國國王撫養長大，果然如預言所示，在攻打他父親的王國時殺了國王，娶了皇后（他的母親）。在伊底帕斯知道了真相後，他挖掉了自己的雙眼，因為他的眼睛並不能讓他「看到」真相，眼盲的他成為一個自我放逐的人。

這則希臘悲劇是標準的宿命悲劇——「人不能逃脫命運的安排」，佛洛伊德根據這個故事，提出他有名的「戀母情結理論」（Oedipus Complex），根據他的理論，許多小孩在四到六歲開始發展初期的性別意識時，都會對另一性別的父或母有排斥的欲望，希望將他們「除掉」，以獨占自己的父親或母親。

佛洛伊德的理論是否「一定正確」或「適用於大部分或很多」的小孩，很難用一般的心理科學證明，在星座理論上，戀父、戀母情結是可能的，但絕不至於十分普遍，因為造成小孩「愛戀」父母，必須要有一些星座、相位、宮位的配合，而這種「機率」在人口中是很有其限制的。也就是說，亂倫的禁忌對某些人而言是特別大的威脅及考驗，而某些人則可平安躲過。

哈姆雷特在經由他父王的鬼魂（或他自己的無意識）的傾訴中，得知他的叔父弒兄娶嫂，而這個憂鬱到精神快分裂的王子卻一直舉棋不定（to be or not to be），不知該不該殺了叔叔替父報仇。我認為哈姆雷特的遲疑不決在於他的自覺，在於他知道伊底帕斯的故事，他害怕的是自己潛意識中的戀母情結，他怕他為父報仇弒叔，其實只是想奪回母親，他甚至可能自我懷疑他父王的鬼魂所說的話只是他潛意識編出來的「謊言」，讓他有合理的動機奪回母親。這是多麼複雜的心理狀況，不管是戀父、戀母或愛戀任何和我們有血緣或無血緣的親屬，甚至包括伍迪艾倫和養女的關係，都是人類各種愛戀關係中最令人難以啟齒、最讓人覺得「有罪」、最讓我們不敢面對的問題。我們的文明各種「合理化的機制」（優生學、家庭倫常、家族秩序、社會制度等等），自然視亂倫是人類最大的禁忌，為什麼是「禁忌」？因為它就是可能發生。

在占星學中，不管是父母、子女、兄弟姊妹或其他血緣非血緣的親屬關係中，如果不幸的有兩方的占星圖顯現了彼此或單方對另一方有強烈的心理和生理吸引力時，「亂倫之戀」即使不在日常生活中「表現」出來，在心理上卻很難免。當事人總是會對自己的情緒感到不安、不快、緊張或憤怒，他們也許會逃避引起他們非分之想的對象，離家或遠遠的離開特定的圈子；也許會藉著別的方式，譬如強烈的占有欲，或以受害者姿態等等來控制他「愛戀」的對象。在性行為上他們沒做什麼，但他們的「性意識」早已投射在別的領域上了。

通常在星圖上若只有一方對另一方有亂倫之戀，事情有時比較不棘手，尤其是產生「愛戀」的小輩，他們比較無能力做些什麼。戀父和戀母的多半必須掩藏自己的感受，男孩長大後，常有可能愛上或娶到一個年紀大他許多，或者年齡差不多，但可以在關係中扮演象徵性母親的伴侶。有的男孩由於對母親有太深的愛戀情結，以致天下的女人都讓他想起母親，令他害怕母性的象徵，他們也有可能變成某種類型的同性戀，但絕非所有的同性戀都是戀母的，也有可能戀父或別的因素。女孩則常常嫁給年紀大或父親形象的男人，或成為女同性戀，但這種情形較少見。但不管是什麼情況，他們終生對他們愛戀的父親或母親都有著不尋常的關係，要不就是非常疏離、仇恨，以恨來代替愛之「罪」；要不就是特別的依戀，像結了婚的男人或女人還跟母親、父親撒嬌等等。

但是當長輩對小輩有愛戀感覺時，尤其是父母對子女，或叔叔阿姨對子姪，及堂表哥、姊對弟妹等等，問題就比較棘手。尤其是對那些動物本能強的人，或因本命星圖中相位很不平衡，又和另一方的星圖互剋得很凶時，就是悲劇發生的時候，這常是社工人員的噩夢和當事人一生的悲劇。但如果當事人控制得好，他們會試著轉移欲望，譬如父母可能會對某個小孩有特別的依戀，甚至不願他們和別人結婚，在兒子、女兒婚後還和他們的配偶爭風吃醋等等。

當兩個人的星圖彼此都有愛戀的行星、相位及宮位時，我們可以說這種關係比較「公平」。至少在心理上，至少沒有哪一方比較無辜，但長輩仍然必須要比晚輩保持較大的克制力，目前從社會標準而言，年長的總要理性些，雖然有時未必。

從星圖上看，當有一方的金星和另一方的火星或金星，而火星和另一方的天王星、海王星、冥王星形成相位時，尤其是合相、九十度及一百八十度對立相時，金星及火星的一方總覺得對方很具有「性吸引力」。這種吸引力發生及持續的時間不一，但一生中一定有「某些時刻」特別強烈，有時行運更推波助瀾這種力量。有時個人宮位也會造成這種性吸引力，譬如當其中一方的金星落在另一方的五宮、八宮或火星落在遠方的一宮、五宮、七宮時，金星和火星的一方也會對宮位的那一方產生強烈的性吸引力。

而當雙方互有行星及宮位的關聯時，如A的金星落在B的五宮，而B的火星落在七宮，或A的金星和B的火星合相，B的金星和A的天王星合相等，這種性吸引力則是互相的。

亂倫是人際情愛關係中最大的煉獄，尤其當有一方是「無辜」被「宿命上無罪」但「理性上犯罪」的另一方強迫發生亂倫關係時，無辜的那一方通常都會對人生、人際關係徹底絕望。「犯罪」的也不好過（如果還有良知），亂倫是精神上的殺人。

如果雙方都有「犯意」時，實際發生的亂倫仍然是當事人終身的十字架，永遠在靈魂的黑暗處折磨人，他們這些人是天上星星的囚犯。就如莎士比亞說的：怪天上的星星吧！他們是命運的祭祀羔羊，他們只是「演出」了一齣最不被我們目前文明接受的情愛行為。

沒有人知道未來的文明是否會改變對「亂倫禁忌」的看法。想想看五十年前社會對同性戀的看法，但「禁忌」最怕永遠藏在陰暗的角落，沒有人談論、沒有人反對、沒有人處理。只是一味壓抑，黑暗的力量躲在黑暗中將讓它繼續有力量，黑暗的力量怕光。

對於「相信」占星學的人（這是印證科學，你必須肯先去研究，像榮格一樣拿星圖做實驗，才有資格決定你要不要理性的相信或反對），占星學可以帶給「亂倫之戀」一點光芒。占星不能阻止「犯意」的出現，卻能「發現」當事人意識或潛意識的意圖，如果能趁早發現，就像發現癌症初期徵兆一樣，能有機會和當事人討論，讓理性之光照進意識及無意識的幽冥，也許能讓當事人和命運盲目的力量有所對抗。

宿命永遠不是絕對論，否則我們不必研究占星學，宿命只對不肯自我覺察的人有其力量。「佛」的本意是「覺」，基督和上帝帶來「光」，所有宗教都相信人可以得救。但當人只信教，不學習自我覺察，沒有人可以得救。占星學也相信靠著了解占星，幫助自我覺察，實踐高層無意識的靈修，才有可能讓人得救，對抗命運煉獄的試探。法律可以制裁犯下亂倫之罪的人，但法律不能阻止犯罪發生，占星不見得一定可以「阻止」悲劇，卻可以「防範」悲劇的發生。

占星可以幫助那些只有犯意而無罪行的人，幫助他們寬恕自己，免於活在自我的罪惡感中，占星也應幫助我們寬容世人世事，不要以自設的道德標準衡量他人是否有罪，誰知道命運是否替你預定了別的罪，有待日後他人的寬容？

我們人類都是乘坐在同一艘地球諾亞方舟上，在無盡蒼涼的宇宙中航行，占星學是我們目前發現的指南針，讓我們明白無明磁力是如何運作。沒有人明白宇宙為什麼設下方程式讓亂倫之戀存在於世間，但只要人間存有這樣困難的情欲功課，就需要人們以不同的宗教、不同的靈修法門去解脫。占星學的「覺悟」只是其中一法。

附錄1

占星學常用符號

主要行星

符號	名稱
☉	太陽
☽	月亮
☿	水星
♀	金星
♂	火星
♃	木星
♄	土星
♅	天王星
♆	海王星
♇	冥王星

十二星座

符號	名稱
♈	牡羊座
♉	金牛座
♊	雙子座
♋	巨蟹座
♌	獅子座
♍	處女座
♎	天秤座
♏	天蠍座
♐	人馬座
♑	摩羯座
♒	寶瓶座
♓	雙魚座

附錄2 個人星圖查詢網站

1. Astrodienst: Horoscope and Astrology

網址：http://www.astro.com/

點選首頁右上角的「My Asrto」免費註冊，輸入出生資料後就可以排出本命星圖。

若需中文化，還可以點選首頁右上角「中文」按鈕。

2. astrotheme.com

網址：http://www.astrotheme.com/

在首頁左側的「Free Astrology」點選「Horoscope, Sign, and Ascendant」進入填寫出生資料頁面，輸入資料後點選「next」，確定無誤後再次點選「next」，就可以排出一張包含小行星的本命星圖。如果不需要顯示小行星，可以將下方「Display Parameters」欄位中「Display asteroids」前面的打勾取消。

3. 占星之門　http://astrodoor.cc/

全中文占星網站，進入首頁後直接點選右上角「選單」，並選取「星座命盤」，就可以輸入資料排出中文化星圖。

愛情全占星（全新增訂版）：

了解愛情原動力，學習完美的親密關係

作　　者／韓良露
撰述委員／宋偉祥、李幸宜、曾睦美、繆沛倫、韓沁林、羅美華
特約主編／繆沛倫
美術設計／蔡怡欣、林家琪
校　　對／呂佳真

創 辦 人／朱全斌
董 事 長／施俊宇
社　　長／許悔之
營 運 長／李長軒
編輯出版／南瓜國際有限公司
　　　　　地址：110 台北市信義區東興路 45 號 8 樓
　　　　　客服電話：（02）2795-3656
　　　　　傳真：（02）2795-4100
總 經 銷／紅螞蟻圖書有限公司
　　　　　地址：114 台北市內湖區舊宗路二段 121 巷 19 號
　　　　　電話：（02）2795-3656
　　　　　傳真：（02）2795-4100
　　　　　網址：www.redant.com

ISBN　978-986-92916-1-3
增訂初版一刷 2016 年 04 月 01 日
增訂初版五刷 2019 年 09 月 05 日
定價／ 320 元

韓良露生命占星學院 https://www.facebook.com/LuluAstrology

國家圖書館出版品預行編目 (CIP) 資料

愛情全占星：了解愛情原動力，學習完美的親密關係 / 韓良露著 . -- 增訂初版 .
-- 臺北市：南瓜國際，2016.04　　304 面；14.8 × 21 公分
ISBN 978-986-92916-1-3(平裝)　1. 占星術
292.22　　105003505